Tirso de Molina

Doña Beatriz de Silva

Barcelona **2024**
Linkgua-ediciones.com

Créditos

Título original: Doña Beatriz de Silva.

© 2024, Red ediciones S.L.

e-mail: info@linkgua.com

Diseño de cubierta: Michel Mallard.

ISBN tapa dura: 978-84-9897-332-7.
ISBN rústica: 978-84-9816-490-9.
ISBN ebook: 978-84-9897-183-5.

Sumario

Brevísima presentación

La vida

Tirso de Molina (Madrid, 1583-Almazán, Soria, 1648). España.

Se dice que era hijo bastardo del duque de Osuna, pero otros lo niegan. Se sabe poco de su vida hasta su ingreso como novicio en la Orden mercedaria en 1600 y su profesión al año siguiente en Guadalajara. Parece que había escrito comedias, al tiempo que viajaba por Galicia y Portugal. En 1614 sufrió su primer destierro de la corte por sus sátiras contra la nobleza. Dos años más tarde fue enviado a la Hispaniola (actual República Dominicana), regresó en 1618. Su vocación artística y su actitud contraria a los cenáculos culteranos no facilitó sus relaciones con las autoridades. En 1625, el Concejo de Castilla lo amonestó por escribir comedias y le prohibió volver a hacerlo bajo amenaza de excomunión. Desde entonces solo escribió tres nuevas piezas y consagró el resto de su vida a las tareas de la orden.

Personajes

Silveira
Olivenza
Don Juan de Meneses
Don Fernando, conde de Arroyolos
Don Pedro Pereira
Don Pedro Girón
Melgar
Rey don Juan
Don Pedro de Aragón
Don Enrique
Girón
Pereira
Doña Beatriz de Silva
Doña Isabel
Doña Leonor
Don Diego de Silva, el Conde de Portalegre
Don Álvaro de Luna
Don Álvaro de Estúñiga
Doña Inés
Don Luis de Velasco
Don Diego Sarmiento
Nuestra Señora, Niña
San Antonio de Padua

Jornada primera

(Tiros de artillería; música de todo género; fiestas de dentro, y saca Silveira sobre los corredores de arriba, a un lado, una bandera con las armas de Portugal y Castilla.)

Silveira   La hermosa doña Isabel,
                             infanta de Portugal,
                             que va a dar mano de esposa
                             al segundo rey don Juan,
                             nieta del rey don Duarte
                             hija de aquel capitán
                             que con la cruz portuguesa
                             ganó renombre inmortal,
                             ¡viva siglos infinitos
                             por gloria de nuestra edad!

(Disparan y tocan chirimías.)

Voces (Dentro.)   ¡Vivan don Juan e Isabel
                             por Castilla y Portugal!

(Al otro lado saca arriba Olivenza otra bandera con las armas de Portugal y del Imperio.)

Olivenza   La infanta doña Leonor
                             que gloria a estos reinos da
                             y a Federico tercero,
                             que del imperio alemán
                             es monarca, llama esposo.
                             ¡Viva!

Voces (Dentro.)   ¡Viva!

Olivenza	Desde el mar
	toquen festivos clarines,
	que a ellos responderá,
	con marciales intrumentos,
	Lisboa.

(Éntranse los de arriba.)

Silveira	Haced disparar
	las piezas de este castillo.

(Música y tiros.)

Voces (Dentro.)	¡Alemania! ¡Portugal!

(Salen don Juan y don Fernando.)

Juan	Dejad las festivas voces
	crueles, que atormentáis
	un alma, entre amor y celos,
	hecha esfera de un volcán.
	No disparéis culebrinas,
	o con ellas me apuntad
	al corazón, que hecho piezas
	suspira por su mitad.
	vuestra galas son mi luto,
	vuestras fiestas mi pesar,
	vuestras bodas mis obsequias;
	sin Leonor no vivo ya.

Fernando	Mirad don Juan de Meneses,
	que dais nota en la ciudad
	con esos locos extremos,
	y que en vos parecen mal.

10

Atentos en vos reparan
cuantos castellanos hay
en Lisboa, a quien envía
por su esposa, el rey don Juan.
Encubrid vuestras pasiones,
o, si amigo me llamáis,
decidme la causa de ellas,
que ofendéis nuestra amistad.

Juan   Conde ilustre de Arroyolos,
¿para qué me preguntáis
lo que a voces manifiestan
mis desdichas?

Fernando   Un año ha
que de estos reinos, y vos
ausente, troqué la paz
en África, por la guerra
que eterniza a Portugal.
Libre entonces os dejé
sin que arpones del rapaz
pudiesen en vuestro pecho
sus ciegas llamas lograr.
Si agora, pues que he venido,
olas al mar aumentáis,
quejas de viento, a los vientos,
sin que os merezca sacar
la causa, ignorarla es fuerza.

Juan   ¡Ay, don Fernando!

Fernando   ¿Qué hay?

Juan   El médico por el pulso

conoce la enfermedad;
todo es pulsos un celoso
que son fuego de alquitrán
los celos, y humo de Amor
de sus incendios señal.
Mas, pues, no sabéis la causa
de mis ansias, escuchad;
que mi pena, hasta aquí muda,
ya revienta por hablar.
Después que al rey don Duarte,
que de Dios gozando está
para luto de estos reinos,
llevó la muerte voraz,
entre los pequeños hijos,
ramo de su tronco real,
que nos dejó para alivio
de su triste soledad,
fueron. El rey don Alonso
el quinto, en tan tierna edad
que aún cinco años no tenía,
dejándonosle en agraz,
y doña Leonor, su hermana,
que, de cuatro años no más,
como el Sol, nos amanece
sobre su cuna oriental.
Quedaron los dos a cargo
del duque de Guimarán
y de Coimbra, tío suyo,
espejo de la lealtad.
Púsoles casa, y a mí
casi en los años su igual,
me introdujo su menino;
yo muchacho, Amor rapaz;
criéme, con la licencia

que suelen los años dar,
con el rey y con la infanta,
privando entre los demás;
tanto, que sin mí los dos
no acertaban a jugar,
ni les supo cosa bien,
ni en mi ausencia hubo solaz.
Pero, quien se aventajaba
en mostrarse liberal
dándome favores tiernos,
que en desdichas vuelto se han,
fue la infanta, mi señora,
comenzando Amor rapaz
entre niños, a ser niño;
fue creciendo, viejo es ya.
Mil veces por el jardín,
entre calles de arrayán
y murtas, cogiendo flores
se vinieron a encontrar
las manos, al elegir
ya el clavel, ya el azahar,
abrasando a fuego lento
su nieve mi voluntad.
Y si entonces daban glorias
estos encuentros, ¿qué harán
cuando saliendo del nido
sepa el ciego dios volar?
Mil veces, que a los colores
jugamos, sentí enlazar
entre favores de cintas
mi crédula libertad
que sin saber los peligros,
como el pájaro que va
al reclamo que le burla,

quise bien, salióme mal.
Crecimos y creció el fuego,
volviéndose en natural
la costumbre poderosa;
y cuando a filosofar
comenzaban mis discursos
en alegre facultad
de amor, todo sutilezas,
que inventa la ociosidad.
Con los años en la infanta
creciendo el respeto real,
crecieron los imposibles,
avaros en ver y hablar.
Desde entonces comencé,
Fernando, a experimentar
los efectos de mi fuego,
leve hasta allí, ya alquitrán.
Tuve celos, desveléme,
versos hice, di en rondar,
saqué galas, lucí motes,
frecuenté la soledad,
y otros varios ejercicios
de esta profesión; juzgad
con tales huéspedes, conde,
qué tal mi alma estará.
Las veces que, desde entonces,
permitió la autoridad
de la infanta y sus retiros,
para asistirla lugar,
con equívocos favores,
con afable gravedad,
tuvo en pie mis pensamientos
y mi amor entre el compás
de esperanzas y recelos

non plus ultra de este mar,
puesto que juzgaréis loco
un amor tan desigual;
pero, no tanto, que dado
que es rama de un tronco real
y de Duarte heredera,
dio a mi sangre calidad
el conde de Portalegre,
primero, heroico Anibal
en las guerras, y del rey
don Pedro hijo natural.
Abuelo materno mío
fue el marqués de Villareal,
descendiente de Diademas
Augustas, cuya igualdad
y la de mi amor perdido
pueden, conde, disculpar
altiveces de mi empleo,
si amor es temeridad.
En efecto, llegó el fin
de mi vida, ya se va
la infanta doña Leonor
a Alemania, a coronar
por fénix de Federico
y por Sol que osen mirar
las dos cabezas de un cuerpo
blasón del ave imperial.
Ya se parte de Lisboa,
ya, conde, se va embarcar
sobre los hombros del Tajo
que, de perlas y coral
guarneciendo su cabeza,
celos tiene, porque el mar
en sus brazos la reciba

y su azul hurtando está,
como yo, que, imagen suya,
de los muros de San Gian,
arrojándome a sus olas,
mi fuego he de sepultar;
pues en mortajas turquíes
bien los celos morirán
que me abrasan, si para ellos
no es poca su inmensidad.
¡Hoy muero, hoy fenezco, conde!

Fernando   Los imposibles, don Juan,
cuando es discreto el amante,
redimen la libertad;
no lo ha sido vuestro amor,
su bien pudo recelar
tan remontados empleos;
mas serálo desde hoy más,
que es la infanta emperatriz
Sol que nació en Portugal
y va a derretir la nieve
del venturoso alemán,
de quien antípoda sois;
y, pues a oscuras quedáis,
a otra luz, no tan difícil,
si sois cuerdo, os alumbrad,
y Leonor goce mil años
el tálamo conyugal
del tercero Federico
que la aguarda en Aquisgrán.

Juan   Ya van saliendo las damas.

Fernando   ¡Brava salva!

(Música y tiros.)

Juan
                       Imitarán
a mis suspiros, que encienden
celos, xonde, de alquitrán.

(Salen don Pedro Pereira y don Pedro Girón y en medio doña Beatriz de Silva, de camino, todos muy bizarros.)

Pereira
                    Cuando en público acá la infanta sale,
un caballero solo ocupa el lado
de la dama a quien sirve, porque iguale
el premio de su dicha a su cuidado;
mi amor quiere que en ello me señale,
y la presente suerte me ha costado
un año de servicios y desvelos
que aumentan ya esperanzas y ya celos.
    Si allá en Castilla, noble caballero,
no se practica este uso cortesano,
ya que os aviso, aconsejaros quiero,
dejéis el puesto que ocupáis en vano.

Pedro
                    Nunca es blasón el término grosero,
que acostumbra el que es noble castellano,
que la corte del rey don Juan segundo
puede enseñar mesura a todo el mundo.
    Esa ley, que contáis por maravilla,
es muv antigua allá y hala heredado
Portugal, de la corte de Castilla,
como el reino también, antes condado.
Obligación os corre de cumplilla;
pues siendo negligente enamorado
ni el uso que alegáis es de provecho,

17

ni a este lugar, por hoy, tenéis derecho.
    Yo le ocupé primero y daré nota
de para poco, si por vos le dejo.

Pereira   ¿Sabéis quién soy?

Pedro   Nunca eso me alborota;
seréis de sangre y de valor espejo.

Pereira   Soy nieto del que os dio en Aljubarrota,
mozo en el brío si en los años viejo,
noticia de la sangre de Pereira.

Pedro   La hazaña saldrá aquí de la Forneira
    que hacéis de blasonar esa victoria,
propio del pobre, cuya corta hacienda
no se le cae jamás de memoria,
y más cuando se cifra en una prenda;
hidalgo parecéis de ejecutoria
que no hay corrillo, calle, plaza o tienda,
donde venga ó no venga, dando enfado,
no salga el pergamino iluminado.
    Castilla tantas veces ha vencido
a Portugal, desde su rey primero,
que la memoria de ellas ha perdido,
aunque no vuestra sangre, nuestro acero.
Pero, por qué del caso hemos salido,
si vos hidalgo sois, yo caballero;
si vos Pereira, yo Girón, que enseña
los tres, blasón antiguo del de Ureña.
    Si vos acción tenéis a la ventura
que se me sigue de este hermoso lado,
yo le adquirí primero, y no es cordura
el ser tras negligente, mal criado.

18

(A ella.)

Pero por no ofender vuestra hermosura,
hermoso Sol de quien será traslado
el del cielo, decid pues se os concede
quién gustáis que se vaya y quién se quede.

Pereira

A no haber señalado juez tan presto
yo, castellano, a hablar os enseñara,
menos despreciador y más modesto,
y del lado o la vida os despejara;
mas, pues en tales manos habéis puesto
la justicia y acción que alego clara,
de ella y de vos, señora mía, espero
el mal despacho de este caballero.

Beatriz

Fidalgos, siempre fue consejo sano
no juzgar entre amigos, quien no intenta
perder el uno, y más en día que gano
tanta honra y con los dos voy tan contenta.
A don Pedro Girón, por castellano
a cuyo reino voy, me corre cuenta
como a huésped servirle y serle afable,
si la ley del hospicío es inviolable.
A don Pedro Pereira también debo,
por deudo, conterráneo y pretendiente,
toda correspondencia y no me atrevo
pagar su honesto amor ingratamente;
dos Pedros a mi lado, ilustres, llevo,
cada uno galán, noble, valiente,
sin saber, cuando tanto entre ellos medro,
distinguir lo que va de Pedro a Pedro.
Y así, porque ninguno quejas tenga,
ni yo pierda la dicha de tal lado,
dispénsase esta ley. Cada uno venga
en el puesto que halló desocupado.

Pereira	Con vuestro gusto es bien que me convenga,
	pues estoy en el sitio mejorado,
	que si el derecho es, con tal cosecha,
	tendré en serviros buena manderecha.

Pedro	Yo, que al izquierdo voy, no creo que pierdo
	la acción de venturoso, pues me cabe,
	el corazón, que yendo al lado izquierdo
	podré experimentar tierno y suave.

| Pereira | Más noble es el derecho. |

Pedro	Si sois cuerdo
	ved que del corazón gozo la llave.

| Pereira | Sabréosla yo quitar. |

Beatriz	Hidalgos, paso,
	que me descuartizáis a cada paso.

Juan	¡Oh hermosa hermana! En fin Castilla puede
	privándonos de vos dejarnos solos.

Fernando	En noche triste nuestro reino quede,
	pues se le ausentan juntos tres Apolos.

Beatriz	Ese título solo se concede
	a las infantas, conde de Arroyolos,
	que en mí no caben excelencias tantas.

| Fernando | Reina en belleza sois, si ellas infantas. |

| Beatriz | Señor don Juan, ¿con tal melancolía; |

¿Tan llano traje, cuando el mundo os loa
por Adonis en gala y bizarría
y es ramillete del placer Lisboa?
¿En tanto gozo, en tan festivo día,
que no hay en tierra coche, en mar canoa,
que desde el tope hasta el humilde lastre,
telas no arroje, púrpuras no arrastre?
   ¿Vos sin una señal, sin una pluma
con que escribáis en el papel del viento
de esta jornada la felice suma,
asunto ilustre a tanto pensamiento?

Juan
      Borde, doña Beatriz, cándida espuma
el turquesado y húmedo elemento,
y brille al Sol su inquieta superficie,
porque del mar celosa llore Clicie.
   Retrate a abril y mayo el cortesano,
y en varios campos recamados pinte,
siendo abeja oficiosa, que el verano
flores de seda coge, que hizo el tinte;
y mientras, envidioso el tiempo cano,
perfiles de oro en años no despinte,
ni los países de la edad destemple,
pues es la juventud pintura al temple.
   Quien gustos logra y al pesar no ha visto
dé galas al Amor, plumas al viento,
que, si con ellas veis que me enemisto,
siento esta ausencia y visto como siento.

Beatriz
      En fin ¿no hacéis jornada?

Juan
                 Aquí resisto
ímpetus de un ligero pensamiento
que me quiere llevar sobre sus alas,

y a pesar del pesar envidia galas.

Beatriz

Yo a Alemania creí que ennobleciera
vuestra gentil presencia y nobles años,
y que la emperatriz os persuadiera
a su asistencia.

Juan

Todos son engaños;
mas vale, hermana, que entre ausencias muera,
que no entre irremediables desengaños.

(Disparan.)

Fernando

Hermosa confusión.

Pedro

Célebres fiestas;
la emperatriz y reina son aquéstas.

(Salen doña Leonor y doña Isabel muy bizarras, de camino.)

Leonor

En fin, Portugal, que os dejo;
que me parto, Lisboa, en fin.

Olivenza

Llorando y riyendo el Tejo,
de escamas de oro un delfín
rompe en el cristal su espejo,
    creyendo que ha de llevar
a Vuestra Alteza a embarcar;
llore nuestro Tejo y ría,
pues pierde y goza en un día
el Sol que le usurpa el mar.

Isabel

¿Desde aquí hasta Aldea Gallega
hay tres leguas de agua solas?

Pedro   Tajo a vuestra alteza ruega
        que pise plata en sus olas
        y la lengua humilde llega
         conque lisonjero lame
        la arena para que os llame
        y a que la piséis os lleve.

Isabel   Quien a dejarle se atreve
        bien es que otro mar derrame.

Pedro   Antes de veros partir
        de aquí aumenta su placer,
        y vos le podéis seguir,
        si en Cuenca le veis nacer
        ya que aquí le veis morir;
         que estimará en mucho el Tejo
        que, mirándoos en su espejo,
        le gocéis, dándole nombre,
        niño en Cuenca, en Toledo hombre
        y en nuestra Lisboa viejo.

(A doña Leonor.)

Olivenza   Hora es ya que vuestra alteza
        se embarque, porque el mar, rico
        en poseer tal belleza,
        aseguró a Federico
        tranquilidad y llaneza.

(A doña Isabel.)

Silveira   Ya es hora de que piséis
        un barco sobre que honréis,

desde la quilla a la gavia,
de Tiro, esquilmos y Arabia.

(A doña Leonor.)

Pereira   Gran señora no lloréis.

Leonor   Lisboa es merecedora
de esta amorosa señal;
pues no la ama quien no llora,
ni tiene ciudad igual
el orbe en cuanto el Sol dora.

(Sale el Conde de Portalegre.)

Conde   Dénos los pies vuestra alteza.

Leonor   Don Diego de Silva, alegre
vuestra vista, mi tristeza,
pues Conde de Portalegre
os llama vuestra nobleza.

Conde   Yendoos vos, señora mía,
no me pidáis alegría.

Leonor   Doña Beatriz, vuestra hermana,
no quiere ser alemana
ni admite mi compañía.

Beatriz   La reina, nuestra señora
doña Isabel, cuya hechura
soy, me honra consigo.

Leonor   Adora

Portugal, vuestra hermosura;
sin vos esta corte llora
    y yo, que quiero seguilla
en esto, ya que a la silla
del imperio voy, gustara
de que Alemania os gozara
que está envidiando a Castilla;
    mas pues no gustáis, adiós.

Beatriz   Federico, gran señora,
al mundo deje de vos
sucesión, que cuanto dora
el Sol, rija por los dos.

Isabel   En fin, conde, ¿acá os quedáis?

Conde   Alfonso, el rey, mi señor,
me lo manda.

Isabel   ¿Y vos gustáis?

Conde   Pero al de Campomayor,
mi hermano, por mí lleváis;
    y de su prudencia fío,
pues en mi nombre le envío,
que hará como portugués.

Isabel   Don Alfonso Vélez es
buen lleno de tal vacío.

Leonor   Pues, don Juan ¿vos solamente
ni me habláis, ni os despedís?

Juan   No es la lengua suficiente

a explicar, cuando os partís,
lo mucho que el alma siente;
   y pues viéndoos mudo quedo,
y todo lo que decir puedo
y vuestra alteza advertir,
juzgue que llego a decir
cuando aun lo posible excedo.
   Mudo el pesar me consuma
con que triste os reverencio
mas vos me entendéis, que, en suma,
a veces habla el silencio.
más que la lengua y la pluma.

Leonor

   Ni os despidáis, ni deis nombre
de ausente, ni así os asombre
la navegación que sigo;
porque quiero que conmigo
vengáis, por mí gentilhombre.
   Juntos nos hemos criado;
lo que la niñez imprime
nunca el tiempo lo ha borrado;
ella da causa a que estime
la fe que me habéis mostrado.
   En mi nave os embarcad.

Juan

Ponga vuestra majestad
esos pies en estos labios,
pisará en ellos agravios
de una necia liviandad
   que estuvo desconfiada
de tal merced y favor,
y ya vive restaurada.

Leonor

Don Juan, siempre os tuve amor;

servidme en esta jornada.

Isabel   Vuestra majestad me dé
licencia y brazos.

Leonor   Mejor
pena y lágrimas daré
en empeños del amor
que, desde niña, cobré
   a vuestra majestad.

Isabel   Diga
el sentimiento que obliga
en mis ojos a llorar,
gran señora, mi pesar.

Leonor   ¡Ay prima, ay reina, ay amiga!
   Vuestra majestad se queda
en España, que reporta
su pena y lágrimas veda,
pues, ¿con jornada tan corta
qué mal hay que durar pueda?
   Mas yo, que desde el oriente
de nuestra patria excelente,
por tanto piélago paso
hasta el alemán ocaso,
lloraré más justamente.

Isabel   Presto se consolarán
con un monarca del mundo
llantos que penas nos dan.

Leonor   Del rey don Juan el segundo
gocéis un tercer don Juan,

señora, que os dé a los dos
un nuevo orbe.

Isabel   Y nos deis vos
un Sol en la imperial silla.

Leonor   ¡Adiós reina de Castilla!

Isabel   Augusta alemana ¡adiós!

(Por diferentes puertas se entran las dos y todos los demás con mucha música
tiros, y quédase don Juan.)

Juan   Muy enhorabuena vayas,
bello Fénix portugués,
esfera y patria de amor.
Mayo augusto, real vergel;
vayas muy enhorabuena
premiadora de mi fe,
alivio de mis congojas,
cifra de todo mi bien,
Leonor, honor de este siglo.
Celoso desesperé,
cuando, piadosa, cortaste
a mi garganta el cordel;
por tu gentil hombre gustas
que vaya contigo, iré
Leonor, por tu nombre gentil,
pues como tal he de hacer
altares en que idolatre
en ti mi amor, siempre fiel,
sin que se atreva mi vida
a otra imagen, a otra ley.

(Sale Melgar.)

Melgar
    Par Dios, señora Lisboa,
que desde este día no de
un zeoti de Portugal
por toda vuesa merced.
Sin Leonor se queda A oscuras,
desierta sin Isabel,
en el limbo sin Beatriz
y viuda sin todas tres.

Juan
¿Qué es esto Melgar?

Melgar
               Desdichas.

Juan
¿Desdichas? ¿Cómo o de qué?

Melgar
    Bueno es el qué que preguntas.
¿Qué fidalgo, hombre de bien
o de mal, hay en Lisboa;
qué sucesor de Moisén;
qué mercader a caballo
o qué caballero a pie
que sus lacayos no vista,
pues desde el pícaro al rey
con galas hacen la corte
un tablero de ajedrez?
¿Es hoy día de bayeta?
Cuantos muchachos me ven
me tiran de pepinazos,
llamándome, y hacen bien,
paje o lacayo de réquiem.

Juan
Desesperarme pensé;

corté luto a mi esperanza,
marchitábala un desdén,
mas ya salió de peligro,
dame galas, mudaré
el traje con los pesares;
plumas vengan, porque den
alas a mis pensamientos.

Melgar   ¿Burlámonos?

Juan   Anda, ve.

Melgar   ¿Qué color?

Juan   Azul y plata.

Melgar   ¿Celos castos? ¡Oh, que bien!
¿Qué plumas?

Juan   Del color propio.

Melgar   Y yo ¿qué me vestiré?

Juan   El que llevé de camino,
cuando partí a Santarén.

Melgar   Ya se me folija el alma;
y luego, ¿qué hemos de hacer?

Juan   Embarcarnos con la augusta.

Melgar   ¿Cuándo?

Juan   Al punto.

Melgar	¿Luego?
Juan	Pues.
Melgar	¿Qué correncia te da prisa?
Juan	Esto manda una mujer. ¿Mujer dije? Un cielo, un ángel.
Melgar	Patudo, si tiene pies.
Juan	La emperatriz me ha ordenado que fin a mis penas dé, y por gentilhombre suyo vaya a Alemania.
Melgar	Hace bien; pero, quítale el gentil y por hombre suyo ve.
Juan	¡Ay, cielos!
Melgar	Diablos son bolos, virla y prueba; pero, ven, si es que habemos de vestirnos.
Juan	Amor, como alas me des, Ícaro, me atrevo al Sol. ¡Ojalá me abrase en él!

(Vanse. Salen don Pedro Pereira y don Fernando.)

Pereira	Aguas del Tejo doradas,

que con las del mar tejéis
listones de azul y plata,
parad el curso, tened.
La hermosura se nos huye,
la discreción, el placer,
con doña Beatriz de Silva
si su asistencia perdéis.
No crezcáis con la marca;
vuestro cristal en sus pies
sirva de grillos piadosos;
icorréos aguas de correr
a desterrar vuestra dicha!
que para tanto inierés
honra es el volver atrás
si acá con ella volvéis.

Fernando   ¿Por qué, pródiga Lisboa;
ínclita ciudad, por qué
pobre atreves a quedarte
y a otros vas a enriquecer?
Si a Leonor das a Alemania,
como a Castilla a Isabel,
dejárasnos a Beatriz
que cifra de todos es.

Pereira   Ya, Amor, pues ella se ausenta,
no os llaméis más portugués;
pasad gustos a Castilla
que aquí no los puede haber.
Galas, convertíos en lutos;
saraos, desde hoy no tendréis
el aplauso que hasta agora
veíais, pues Beatriz no os ve.
Cerrad puertas y ventanas;

cortesanos, no habitéis
corte que queda tan corta,
ausente Amor, que es su rey.

(Sale don Juan muy bizarro, y Melgar bien vestido.)

Juan   ¡Oh, Conde amigo! ¡Oh, don Pedro!
                A que los brazos me deis
                os traen los cielos. Adiós.

Fernando   Don Juan de Meneses, ¿pues,
                qué mudanza repentina
                tan presto os pudo volver
                de triste alegre y gozoso?

Juan   Efectos del bien querer.

Fernando   ¿A dónde vais?

Juan   A Alemania.

Fernando   ¿Y tan gustoso?

Juan   Hay por qué.

Fernando   ¿Quién lo manda?

Juan   Quien me hechiza.

Fernando   Será la emperatriz.

Juan   Es.

Fernando   ¿Lleváis esperanzas?

Juan	Muchas.
Fernando	¿En qué las fundáis?
Juan	No sé.
Fernando	¿Contra un águila imperial voláis? No la alcanzaréis.
Juan	Es Amor sacre sublime; empresa de su fuego es, conde, o vencer o morir venceréla o moriré.

(Tocan y disparan.)

Melgar	A leva tocan. ¿Qué esperas? Sube, que allí está el batel y ha de ir a la capitana.
Fernando	Ventura la suerte os dé.
Juan	¡Adiós, fundación de Ulises!
Melgar	Adiós, seboso Babel, Castillo, Plaza, Rua Nova, Palacio, San Gian, Belén, Cruz de Cataquifaras; adiós, Chafarí do Rei, bayeta, boas botas, luas, blancos y negros también; que voy a beber cerveza por no olvidar el beber.

34

(Tocan y disparan.)

Juan   Arraez la plancha, que tocan
         a leva segunda vez.

(Vanse don Juan y Melgar.)

Fernando   Alegre estruendo.

Pereira   Decid
         triste y así acertaréis;
         pues se despuebla la corte.

Fernando   Ya empiezan a descojer
         linos que el viento se vista.
         Si las naves queréis ver,
         que ya de la barra salen,
         y el barco donde Isabel
         y Beatriz dan luz al Tajo,
         aquí, don Pedro, os poned.

(Dentro con música, tiros y grita.)

Unos   ¡Leva, leva!

Otros   ¡Buen viaje!

Pereira   ¿Que esto nuestros ojos ven?

Unos   ¡Alemania!

Otros   ¡Portugal!

Unos	¡Viva el César!
Otros	¡Viva el Rey!
Todos	¡Castilla y Portugal, vivan!
Otros	¡Vivan Leonor e Isabel!
Pereira	¡Viva Beatriz! Y yo muera pero sin verla; si haré.

(Vanse don Fernando y don Pedro Pereira. Salen el Rey don Juan de Castilla, don Álvaro de Estúñiga y los infantes de Aragón, don Enrique y don Pedro de Aragón, de camino todos.)

Rey	Bien habemos caminado.
Enrique	De Valladolid a aquí no has descansado.
Rey	Seguí los afectos de un cuidado.
Aragón	Ya estamos en Badajoz.
Rey	Presto, primos, veré en él si es tan hermosa Isabel como publica la voz que enamora a todo el mundo.
Enrique	Cuando sea tan hermosa merecerá ser esposa del rey don Juan el segundo. Mas mucho me maravilla

36

que llegue a ser la fortuna
de don Álvaro de Luna
tan poderoso en Castilla,
   que él solo baste a casar
a vuestra alteza con quien
no es hija de rey, ni es bien,
pues me llego a declarar,
   que, cuando lo contradice
la castellana nobleza
solo por él, vuestra alteza,
estas bodas solemnice.

Rey   La infanta doña Isabel
es, pues en eso advertís,
nieta ilustre del de Avís
rey de Portugal, de aquél
   que en Aljubarrota un día
a Castilla destrozó,
y con su esfuerzo borró
manchas de su bastardía.
   Mas, si va a decir verdad,
y veis que por todo paso,
por don Álvaro me caso
mas que por mi voluntad;
   quiérole bien y no sé
decirle a cosa de no.

Enrique   Ninguno a su rey casó,
guardando lealtad y fe,
   por su elección solamente.

Aragón   Ni se elige la mujer
por ajeno parecer.

Rey

Cuerdo es Álvaro, y prudente;
no hará cosa que me esté,
primos, mal el condestable;
pero rigor es, notable,
que antes que cuenta me dé
de estas bodas, las concierte
con el rey de Portugal.

Aragón

¿Y no le estará eso mal
a vuestra alteza, si advierte,
lo que don Álvaro habrá
de esos conciertos sacado?

Enrique

Yo sé que no lo ha tratado
en balde.

Rey

Ello es hecho va.

Enrique

Bien se puede deshacer.

Rey

«Sí» que don Álvaro dio,
por mí, no puede ser, no;
quien mi amigo intente ser
de don Alvaro lo sea.
Cuando Isabel no sea tal
como afirma Portugal;
si me pareciere fea;
primero que llegue a vella,
a don Álvaro veré
que, como él contento esté
luego la tendré por bella.

Estúñiga

Solo falta que le den
la silla y corona real.

Rey   Nada me parece mal
                        como a él le parezca bien.

(Sale don Álvaro de Luna.)

Álvaro   Vuestra Alteza, gran señor,
                        con sus grandes se aconseje,
                        y este casamiento deje,
                        que es; lo que le está mejor.
                           A don Álvaro, dé oídos,
                        de Estúñiga, que es justicia
                        mayor, y tiene noticia
                        de los tratos conocidos
                           que tengo con Portugal,
                        y lo que en casarle medro;
                        a don Enrique y don Pedro,
                        que me llaman desleal,
                           como a infantes de Aragón,
                        oiga también, y no pase
                        por conciertos, ni se case
                        en virtud de mi elección;
                           que cuando sin hijos quede,
                        por no casarse, aquí está
                        don Enrique, en quien tendrá
                        prenda que a Castilla herede.
                           Donde asiste su persona
                        no hace falta mi presencia;
                        déme su mano y licencia,
                        retiraréme a Escalona.

Rey   En vos se ha comprometido
                        mi voluntad, condestable;
                        murmure Castilla y hable,

39

que si por vos he venido
    a Badajoz a casarme,
y porque agradaros trato
sin haber visto retrato
de la infanta, ni informarme
    de su hermosura, o su edad,
no más de por daros gusto,
.... [-usto]
firme está mi voluntad.
    Por vida de vuestro rey
que os desenojéis.

Álvaro   Señor,
el ausentarme es mejor,
que no os guardo amor ni ley,
    pues contra mí os aconsejan
los tres que me han calumniado,
no he de andar a vuestro lado
mientras ellos no le dejan.

Estúñiga   A no estar el rey delante
y respetar este puesto...

Rey   Justicia mayor, ¿qué es esto?

Enrique   Yo os buscaré.

Rey   Paso, infante,
    salid los tres de mi corte.

Enrique   A salir de la lealtad
con que vuestra majestad
obliga a que me reporte,
    yo mis agravios vengara;

40

pero, ocasión habrá alguna
en que quite de esa Luna
vuestra majestad la cara,
   y la ponga en la razón.

Estúñiga   Luna en breve menguaréis;
que puesto que llena os veis,
estáis en oposición.

(Vanse los tres. Sale don Pedro Girón.)

Pedro   Mande, señor, vuestra alteza
todos los grandes salir
si tienen de recibir
la reina, que a entrar empieza
   en Castilla, y ya estará
en el río que divide
los reinos.

Rey   Si es bien se olvide
este sentimiento ya,
   id, Álvaro, a recibilla;
no riñamos más los dos,
andad y llevad con vos
los títulos de Castilla,
   que porque estemos en paz
y vos partáis como es justo,
que os llame su conde, gusto,
Santisteban de Gormaz.

Álvaro   Besaré estos pies.

(Tiénele.)

Rey   No es bien,
          cuando los brazos os doy
          que mis pies, aunque rey soy,
          encima la Luna estén.

(Vase don Álvaro de Luna.)

Pedro   ¡Favor y dicha notable!

Rey   Contra las leyes de amar,
          don Pedro me he de casar,
          a elección del condestable;
             y aunque el suyo es tan conforme
          y tan ajustado al mío,
          que de él estas cosas fío,
          manda el alma que me informe
             de quien su dueño ha de ser.
          Don Pedro, ¿es Isabel bella?
          ¿Es discreta? ¿Podré en ella
          mi sosiego entretener?

Pedro   Dos retratos traigo aquí,
          que ha podido, gran señor,
          el uno pintar Amor,
          y la lealtad que hay en mí,
             el otro... éste es de la infanta.

(Dale uno de los dos retratos.)

          Vuestra majestad le vea
          y la valentía crea
          que se atrevió a copia tanta.

Rey   Si iguala al original

ésta, que al Sol mismo agravia,
ya el Fénix faltó de Arabia
ya enriquece a Portugal.
      ¡Bella mujer!

Pedro (Aparte.)   (¡Ay de mí!
Los retratos he trocado;
el que es hermoso traslado
de doña Beatriz, le di.
      ¿Qué haré?) Advierte, gran señor...

Rey   Don Pedro Girón ya advierto,
que si me ha vencido muerto
tema vivo al vencedor.
      No sale en su hermosa cuna
más bello el cuarto planeta
elección, al fin, discreta
de don Álvaro de Luna.
      Tan perdido estoy por él,
que si original no hubiera
o en nada se pareciera
a esta imagen mi Isabel,
      aunque su amor perdonara,
a pesar de su hermosura,
adorando esta pintura
con el naipe me casara.

Pedro (Aparte.)   (¡Bien mi amor ha satisfecho!
¡Bien a la reina obligado
y con el rey informado
muy bien su partes he hecho!
      Quiérole desengañar
de que es de doña Beatriz,
que amor tierno en la raíz

(Al Rey.)   no es difícil de arrancar.)
                         Considere vuestra alteza
                   que este retrato...

Rey   Ya sé
                   que me pediréis que os dé
                   el porte de esta belleza.
                      Marqués de la Mota os hago.

Pedro   Advierta que no es razón.

Rey   Diréis, don Pedro Girón,
                   que con escaseza os pago.
                     Nunca el amor es avaro,
                   y más cuando es el amor
                   de un rey como yo. Señor
                   sois de Villaescusa de Haro,
                     y si esto os parece poco,
                   pedid, que más se os dará.

Pedro (Aparte.)   (¿Qué remedio? El rey está
                   por mi portuguesa loco;
                     pero, advertirle conviene
                   el engaño en que le he puesto.
                   Señor, la verdad...

(Suena música.)

Rey   ¿Qué es esto?

(Sale don Álvaro.)

Álvaro   La reina, gran señor, viene,
                     y entra ya por la ciudad;

salgámosla a recibir.

Pedro (Aparte.)   (¡Que no me ha querido oír!)

Rey   Si iguala a vuestra beldad
bella imagen, vuestro dueño,
conquiste don Juan segundo,
para que os le ofrezca, un mundo
porque mi reino es pequeño.

(Vanse sino es don Pedro Girón.)

Pedro   ¿Tan presto ha enternecido una pintura,
del rey el corazón, que fue diamante?
¿Libre en un punto, en otro ciego amante?
¿Y yo por descuidado, sin ventura?
   Pero Amor, cuando llega a coyuntura,
introduce su forma en un instante
y obra la voluntad, si ve delante
el objeto eficaz de una hermosura.
   ¿Que haya podido hacer tan grave daño
el trueco de un papel pintado? ¡Ah, cielos!
Y que yo en el remedio ignore el modo.
   Perderé a mi Beatriz, verá mi engaño
el rey don Juan, tendrá la reina celos
y yo, inocente, pagarélo todo.

(Salen por una parte la reina doña Isabel y doña Beatriz y acompañamiento, y
por la otra el Rey y los suyos. El Rey habla a doña Beatriz.)

Rey   Vuestra alteza ha enriquecido
mi Castilla; y pues en ella
reina Sol de luz tan bella,
día es ya si noche ha sido.

Lisonjero había creído
que era con vos el pincel,
y haciendo cielo un papel
consolaba vuestra ausencia.
Mas ya sé la diferencia
que hay de Isabel a Isabel.
   Bella es Isabel pintada,
pues mi libertad cautiva;
pero con Isabel viva
será sombra inanimada.
Elección bien acertada
de don Álvaro de Luna,
para mi amor oportuna,
y este hemisferio español;
pues fue bien que de tal Sol
fuera tercera la Luna.

Beatriz   Mire, señor, vuestra alteza
que no soy la reina yo,
vuestra esposa.

Rey   ¿Cómo no?

Pedro   Aquí mi peligro empieza.

Rey   Don Pedro, ¿de esta belleza
este retrato no fue?

Pedro   No, señor, que le troqué
cuando turbado os le di.

Rey (Aparte.)   (Tarde en la cuenta caí;
mal remediarme podré.)

(A doña Isabel.)   Vuestra alteza me perdone,

que a tanta luz deslumbrado,
no es mucho me haya engañado
la que delante me pone;
y porque mi yerro abone
baste que en esta ocasión
conjeture mi eléccíón,
aunque avergonzada está,
¿qué tal la reina será
si tales sus damas son?

Isabel   No es nuevo adorar, señor,
a Efestión, yendo al lado
de Alejandro, el que ha juzgado
por la presencia el valor;
pues haciendo este favor
a doña Beatriz hermosa,
diré, sin estar celosa,
que vuestra alteza acertó
pues doña Beatriz y yo
somos una misma cosa.

Rey   Discreta habéis satisfecho
mi inadvertencia, yo sé
cómo os desagraviaré.

(A don Pedro aparte.)

¡Ay don Pedro! ¿Qué habéis hecho?
aposentóse en mi pecho
doña Beatriz, que sosiega
de mi amor la llama ciega,
y a Isabel dejo burlada;
que el alma, como es posada,
se da al primero que llega.

(A doña Isabel.)   Venga Vuestra Majestad.
(Aparte.)   (¡Ay engañosos despojos
                          que del modo que los ojos
                          me lleváis la voluntad!)

Pedro (Aparte.)   (Celos, desde hoy castigad
                          mis descuidos con desvelos.)

Pereira (Aparte.)   (Si a Beatriz ama el Rey ¡cielos!
                          ¿qué hará quien viene a servilla?)

Isabel (Aparte.)   (Basta; que he entrado en Castilla
                          por la puerta de los celos.

                          Fin de la primera jornada

Jornada segunda

(Salen doña Beatriz y doña Inés, dama.)

Beatriz	Alegre está Tordesillas,
Inés	Si en estas bodas ha sido,
	entre ciudades y villas,
	solo el lugar escogido
	del rey ¿qué te maravillas?
Beatriz	¡Bravas fiestas, diestras cañas,
	valientes toros!
Inés	Los hijos,
	Beatriz, de las dos Españas,
	aun hasta en los regocijos
	se entretienen con hazañas.
Beatriz	¿En fin tenemos torneo
	esta noche?
Inés	Del amor
	que te tienen, noble empleo,
	pues dando a tantos favor,
	tan repartida te veo,
	que te juzgo enamorada,
	y no sé, en particular,
	si lo estás.
Beatriz	Todo me agrada,
	y a todos quiero igualar,
	y no me enamora nada.

Inés	A don Pedro diste un guante.
Beatriz	Es Pereira y mi pariente; portugués en lo constante, en lo airoso, en lo valiente y portugués en lo amante.
Inés	En Castilla está por ti; bien, por fuerza, has de quererle.
Beatriz	Quiérole, Inés, así, así, lo que basta a entretenerle, pero no a salir de mí.
Inés	Si eso es verdad, no has andado grata a su merecimiento, pues le has con otro igualado.
Beatriz	¿Cómo?
Inés	A don Diego Sarmiento el otro guante le has dado.
Beatriz	Pidióle con cortesía; es ilustre castellano y cuando calzada vía la una a la otra mano envidiosa se corría.
Inés	El don Diego es por extremo, y si en tal Sarmiento ves llamas de amor, ya te temo.
Beatriz	A tales llamas, Inés,

caliéntome y no me quemo.

Inés   Creólo, pues te divierte
don Luis de Velasco.

Beatriz   Sabe,
tiene alma, es gallardo, es fuerte;
por lo secreto y lo grave
entre damas tendrá suerte.

Inés   También mostraste largueza
en favorecerle.

Beatriz   Sí,
que es mnucha su gentileza,
y, como los guantes di,
fui a pedir a la cabeza
    una flor de su tocado.

Inés   En fin, ¿ha de dar favores
a todo tu amante agrado?

Beatriz   ¿Qué quieres? Guantes y flores,
danlos las tiendas y el prado;
    no he de ser yo menos que ellos.

Inés   En no habiendo más que dar,
pediráslo a tus cabellos.

Beatriz   No, Inés, que no ha de llevar
mi gusto nadie por ellos.

Inés   Sé con todos general,
porque ansí, Beatriz, conserves

tu inclinación liberal,
con tal que uno me reserves,
que no me parece mal
  y me da con ocasión
celos de ti.

Beatriz   No me espanto.
¿Quién es?

Inés   Don Pedro Girón.

Beatriz   ¿Qué dices?

Inés   Quiérole tanto,
que le he dado el corazón.

Beatriz   Como fuera gavilán
bien le dabas de comer.
Don Pedro es cuerdo y galán,
y yo, solo por saber
que celos pena te dan
  aunque le igualé hasta aquí
con los otros, esa pena
he de aumentar.

Inés   ¿Cómo así?

Beatriz   Todo lo que es cosa ajena
engendra apetito en mí.
  En viendo en otra una gala,
luego por ella me muero
hasta estar de envidia mala;
al que desdeñaba, quiero
si otra dama le regala.

Mira tú de qué manera
sufrirá mi inclinación
que lo que quieres no quiera.

Inés Ésa es común condición
y no eres tú la primera;
   pues que todas la heredamos.
Mas, las que nobles nacimos,
cuando amistad profesamos,
con cordura resistimos
lo que necias deseamos.

Beatriz   Ahora bien, yo te prometo,
doña Inés, hacerlo así;
y, solo por tu respeto,
olvidarle desde aquí.

Inés ¿No le has de dar, en efecto,
   favor para este torneo?

Beatriz Ni para fiesta ninguna.

Inés Voyme, pues, que hablar deseo
a don Álvaro de Luna.

(Aparte.) (A don Pedro venir veo.
   Escondida quiero ver
si esta portuguesa sabe
cumplir como prometer.)

(Sale don Pedro Girón.)

Pedro   No tiene por cosa grave
el que es rico mantener
   su familia con su casa;

mas, al que, cuando le importa,
la fortuna le es escasa,
y dándole hacienda corta
le da los gastos sin tasa,
   igualaréle en rigor
conmigo, a quien hace aposta
hoy el rey mantenedor,
si para ayuda de costa,
no os merezco algún favor.

Beatriz
   Corréis vos por otra cuenta;
dama hay en palacio, rica,
que manteneros intenta
con el favor que publica
y en vuestro nombre alimenta.
   Pedidia, don Pedro, vos
para esa empresa favores,
que en la corte de Amor, dios,
nadie sirve a dos señores,
ni tira gajes de dos.

Pedro
   Es muy corto tiempo agora
para poder responderos,
por ser ya del torneo hora;
solo podré cierta haceros,
que siendo vos mi señora
   no se sujeta mi amor
a otro dueño, ni otra ley;
porque es vasallo traidor
quien conoce más que a un rey
y sirve más que a un señor,
   Y mi palabra os empeño,
que mi esperanza creciera
si, en fe del amor que enseño,

solamente yo os sirviera,
pues vos sola sois mi dueño.
   Mas deseos excusados
dan materia a mi temor;
pues ya advierten mis cuidados
que ha de ser uno el señor,
pero muchos los criados.
   En serlo vuestro me empleo;
mas, pues sin favor me voy,
y en vos novedades veo,
fingiré que enfermo estoy
y quedaráse el torneo.

(Quiérese ir.)

Beatriz

   No quiera Dios que por mí
pierda el palacio su fiesta;
volved, no os partáis así,
que si tan caro me cuesta
cumplir lo que prometí,
   por mejor tengo agradaros
que triste el palacio esté.
Don Pedro, ¿qué podré daros?
Buscando estoy y no sé
si he de hallar con que agradaros.
   Ahora bien, inconvenientes
contra amor no han de bastar,
de celos impertinentes;
ni sin causa os quiero dar,
don Pedro, este mondadientes,

(Dásele.)
   que es la voluntad notoria
de una dama a quien hacéis
objeto de vuestra gloria,
y os le doy porque saquéis

reliquias de la memoria.

(Vase.)

Pedro

¡Oh premio rico, que a perder provoca
el seso del dichoso que te alcanza!
Pues si enloquece una desconfianza,
también el gozo vuelve una alma loca.
   Ya la sentencia mi temor revoca,
pues a pesar de celos y mudanza,
Beatriz, por sustentar vos mi esperanza,
os lo habéis hoy quitado de la boca.
   Haga flecha de vos el rapaz ciego;
báculo sed, en que mi dicha estribe,
vara en mis celos, id a reducillos.
   Leña de amor con que atizáis mi fuego,
puntal de su edificio, que amor vive,
como es rapaz, en casas de palillos.

(Vase. Sale doña Inés.)

Inés

Si en palabras portuguesas
no hay más que esto que fiar,
bien segura puedo estar
de amistades y promesas.
   Arrogante es la hermosura;
de ella Séneca decía
que es parte de idolatría,
pues que la adoren procura
   el cayado y la corona.
Como es doña Beatriz bella,
porque idolatren en ella
ninguna ocasión perdona;
   a todo hombre de importancia

admite y hace favor;
no se llamará éste amor;
mas llamaráse arrogancia.
   Desde el punto que entró aquí,
ya sea por cosa nueva,
ya por hermosa, se lleva
las voluntades tras sí.
   Y en fe de esto, ni nos precia
ni de palabras que da
hace cuenta. ¡Bien está!
Toda confianza es necia.
   Yo vengaré los desvelos
con que burla mi esperanza;
que en la mujer no hay venganza
como la que dan los celos.

(Sale el Rey don Juan.)

Rey   Yo os adoro Silva bella;
fácil en el alma entrastes;
tras vos la puerta cerrastes;
mal os echará por ella
   de la reina la hermosura,
que aunque abrir ha procurado,
no puede, que habéis dejado
la llave en la cerradura.

Inés   Señor ¿qué endechas son ésas?

Rey   Tan crueles como vanas;
esperanzas castellanas
secan penas portuguesas.

Inés   La reina, nuestra señora,

la portuguesa será
que os suspende, claro está,
que aunque a vuestra alteza adora;
   por más que llegue a gozar
cuando su amor le conceda,
en lo amado siempre queda
mucho más que desear.

Rey
   No, doña Inés, que aunque reina
en el alma, que adoralla
jura, puede ser vasalla
de quien me abrasa la reina.
   Imposibles de palacio
y sospechas de Isabel
hacen mi amor más cruel,
dándome muerte despacio.
   Yo quiero bien a una dama
con quien hablar puedo mal;
milagro de Portugal,
más hermosa que su fama;
   y vos, doña Inés, podéis
hacerme a mí harto favor.

Inés
¿Es doña Beatriz, señor?

Rey
   No es mucho que lo acertéis;
   que con eso me advertís
que en la corte no hay belleza
digna de la real grandeza,
fuera de la que decís;
   y pues entendida y fiel
yuestra discreción me obliga
a que mis penas os diga,
dadla, Inés, este papel.

(Dásele.)	Decid que la amo infinito,
	y que si muerte me ha dado
	en solo un papel pintado,
	me dé vida en otro escrito.

(Vase.)

Inés	Todo oficio es principal
	en palacio, medrar puedo;
	pues por mano del rey, quedo
	desde hoy por tercera real.
	A saber doña Beatriz
	guardar palabras que dio
	y no estar celosa yo,
	suerte lograra feliz.
	Pero la envidia cruel
	en vengarse se resuelve,
	y mis agravios envuelve
	en este amante papel.
	Pues no es bien, cuando hace alarde
	del enojo que en mí labra,
	que quien no guarda palabra
	quiera que yo amistad guarde.

(Vase. Salen don Pedro Pereira y don Diego Sarmiento.)

Pereira	Habéisme de hacer merced,
	señor don Diego Sarmiento,
	de mudar divertimiento.

| Diego | ¿Y el por qué? |

| Pereira | ¿El por qué? Sabed |
| | que ha un año y más que se humilla |

a amor mi altiva cerviz,
y que por doña Beatriz
de Silva, asisto en Castilla.
   Que se funda mi afición
sobre antiguo parentesco,
y que si su amor merezco,
con una dispensación
   daré al conyugal decoro
perfección más excelente,
que el Amor, cuando es pariente,
dicen que es azul sobre oro.
   Paga mi lealtad mi prima,
vístome de sus colores,
háceme honestos favores,
versos que la escribo estima;
   y aunque, libre de desvelos,
con esto pudiera estar,
como en materia de amar
son portugueses los celos,
   el Sol me los da, por Dios,
no es bien que los aumentéis,
si acaso no pretendéis
que nos matemos los dos.

Diego   No poco siento el pesar
que os doy, que sois cortesano;
pero no está ya en mi mano
amar, o dejar de amar.
   Pretendiente más moderno
soy, que vos, de esa beldad;
mas no vale antigüedad
en las plazas de amor tierno;
   ni por años se averigua;
que amor constante y leal

no es boda de colegial,
que honra más por más antigua.
    Desde que doña Beatriz
dió nueva luz a Castilla,
logré empleos de servilla;
y mi esperanza feliz,
    con el mismo fundamento
que vos, promesas me da,
que de dos almas hará
una sola el casamiento.
    Si en el deudo no os igualo
consuélese mi afición,
en que no hay dispensación
a donde no hay algo malo;
    y así vuestra prima toma
más gusto, y no es maravilla,
con amor que está en Castilla
que con el que estriba en Roma.
    No me desdeña tampoco,
favores tengo también,
que a pesar de algún desdén
pudieran volverme loco;
    y así, si porque la quiero
reñir conmigo intentáis,
mientras que a Roma enviáis
por dispensación, primero
    que venga, hacedlo de modo
que dándome muerte aquí,
partáis por ella, que así
iréis a Roma por todo.

Pereira   Burlas en cosa de veras
no las sufre un portugués;
y, más, si la ocasión es

por amorosas quimeras.
    Yo soy... Mas la Reina es ésta;
agradeced su venida,
que la espada apercibida
iba a daros la respuesta.

(Salen la reina doña Isabel, don Pedro Girón y don Luis de Velasco.)

Pedro   No ha de decirme de no
                         vuestra alteza, gran señora.
                         Basta saber que la adora
                         quien de embajador sirvió
                             en aquestos casamientos
                         al segundo rey don Juan.

Luis   Si acción los servicios dan
                         y al amor merecimientos
                             don Luis de Velasco soy;
                         bien sabe el rey mis hazañas,
                         envidiadas por extrañas.

Isabel   Confusa oyéndoos estoy.
                             Debo a don Pedro Girón
                         lo que sabéis, por tercero
                         en mi casamiento, y quiero
                         premiar su fiel intención.
                             También hago justa estima
                         de vos, y juzgo cuán bien
                         me puede estar de que os den
                         a doña Beatriz mi prima.
                             Mas siendo una, no sé cómo
                         contente con ella a dos,
                         no haciendo un milagro Dios,
                         puesto que a mi cargo tomo

agradaros.

Luis
        En tal caso
el más digno pretensor
ha de salir vencedor.

Pedro
    Alto, por esa ley paso.

Luis
    De mi sangre generosa
bien sabe nuestra nación.

Isabel
Cualquiera comparación
de esa especie, será odiosa.
   La elección de un casamiento,
si se hace con libertad,
pende de la voluntad
mas que del entendimiento.
   Sepa yo a quien se la tiene
de los dos, doña Beatriz,
que éste será el más feliz.

Luis
Si alegar prendas conviene,
   desde que vino a Castilla
y mi amor la eligió dueño,
con el semblante risueño
mi fe agradece sencilla.
   Mírame en toda ocasión,
y fiesta ha venido a haber
que a solo verme correr
sacó el cuerpo del balcón,
   y bajando la cabeza
mi buena suerte aprobó,
cuando acompañando entró
en la corte a vuestra alteza.

Sé yo que a otra dama dijo:
«Si el entendimiento iguala
en el don Luis a su gala
desde hoy por galán le elijo.»
    Y, si no es esto bastante
a anteponerme, señora,
a don Pedro, no ha media hora
que también me dio este guante.

Pereira   De ese tengo yo un hermano,
ya que derechos escucho
en vos ponderados mucho,
que se han de quedar en vano.
    Doña Beatriz es cortés;
y en fe de su urbanidad,
sin costas de voluntad,
con término portugués,
    se muestra agradable a todos
y sola amorosa a mí.
Por su gusto estoy aquí
y he sido, en diversos modos,
    por pariente y por amante,
su empleo, y puedo esperar
que su mano he de alcanzar,
como primero su guante.

Isabel   Tercero competidor
tenemos, ¿qué dice de esto
don Pedro Girón?

Pedro   Supuesto
que es calidad de mi amor
    emplearle en quien adoran
tan ilustres caballeros,

aunque pudiera traeros
favores que ellos ignoran,
   quiero guardar el respeto
a quien mi lealtad premió;
que nunca se arrepintió
amor que estima el secreto.
   Doña Beatriz solamente
es en esto interesada;
escoja el que más le agrada
entre tanto pretendiente,
   y cese esta competencia.

Diego
Yo quiero eso y me está bien.

Isabel
¿Pues amaisla vos también?

Diego
Y con tal correspondencia
   que me juzgo preferido
a cuantos de su afición,
si a caso llamados son,
han de envidiarme escogido;
   remítome a la experiencia.

Isabel
¡Válgate Dios por mujer!
¡Qué ancha debes de tener
la voluntad y conciencia!
   Ahora bien; porque no niegue
vuestra dama obligaciones
y la convenzan razones,
cuando a persuadirla llegue,
   cada cual me dé el favor
que tiene, y le hace dichoso;
que aquél ha de ser su esposo
que me te enseñe mayor.

No quiero yo que la corte
se alborote cada día
por dama que es sangre mía.

Pereira   Como para eso importe
                          está bien; en este guante
se cifra todo mi bien.

Luis   Y en éste estriba también
mi amor, honesto y constante.

Diego   Más le debe a su belleza
la fe que logro en amarla,

(Vánla dando los favores.)

                          pues se quitó, por premiarla,
esta flor de la cabeza.

Pedro   La mayor acción me toca,
si lo que el amor sublima,
celebra, adora y estima,
en una dama es la boca.
    Una mano fácilmente
suele alcanzarla el amante,
después de una flor, o un guante.
¿Pero quién habrá que intente
    llegar a su boca hermosa
sino el que está en posesión
y se honra con el blasón
de adquirirla por esposa?
    Pues a mí, porque concluya
competencias pretendientes,
me ha dado este mondadientes

que se quitó de la suya,
    y si es lícito casarse
dos príncipes por poderes,
y aunque muden pareceres
no ha el concierto de mudarse.
    Juzgad si es mi dicha poca,
pues, cuando mi amor premió,
por poderes me envió
en el palillo la boca.

(Dásele.)

Isabel
            Bien encarecido está;
las muchas prendas que sé
que tenéis la propondré
y ella luego elegirá.
    Andad con Dios.

Pedro
                            Vuestra alteza
advierta, que si no soy
su esposo, dispuesto estoy
en mudar naturaleza;
    desnaturalizaréme
de estos reinos.

(Vase.)

Pereira
                            Yo he venido
a servirla; y así pido
que vuestra alteza se extreme
    en favorecer mi suerte;
porque en siendo de otro esposa,
todo ha de ser una cosa
casarse y llorar su muerte.

(Vase.)

Luis   Si esto a su elección se deja,
seguro estoy que ha de ser
doña Beatriz mi mujer.
Mas mire que la aconseja
    vuestra alteza, que sabrán
las armas vengar mi agravio.

(Vase.)

Diego   Yo escojo medio más sabio
yendo a hablar al rey don Juan,
    porque sea intercesor
con vuestra alteza y con ella.

Isabel   Como el rey pida por ella
vos seréis su poseedor,
    y yo viviré sin celos.
Esa diligencia haced.

Diego   Siempre el rey me hizo merced
¡Tenédmele grato, cielos!

(Vase.)

Isabel   Basta, que truje conmigo
mi mismo desasosiego,
del rey y su corte el fuego,
de la paz el enemigo.
    Doña Beatriz me ha quitado
de mi esposo la mitad,
que es el alma y voluntad;

solo el cuerpo me ha dejado.
  Si no me le restituye
conocerá por su mal
que celos de Portugal
no es cuerda quien no los huye.

(Salen el Rey y don Álvaro de Luna.)

Rey
    Don Álvaro de Luna, a esta jornada
os prevenid, que tengo de partirme
a la tala del reino de Granada
antes que pase el mes. Venga a servirme
el que acostumbra matizar su espada
en sangre mora, y sus hazañas firme
con ella en los anales de la fama,
donde es de más valor quien más derrama.

Álvaro
    No quedará en tus reinos caballero
que a tan santa jornada no te siga.
A Agar destierra del rincón postrero,
de donde hasta hoy al godo Dios castiga.
No en las guerras civiles el acero
se ejercite, cuando hay gente enemiga
que ofrece el cuello a tan divina hazaña,
fama a tu nombre y libertad a España.
  Cien hombres de armas y dos mil infantes
voy a alistar con que servirte pienso.

(Vase.)

Rey
    Deseos amorosos e inconstantes
que hacéis que os peche el alma y pague censo;
si la paz hace guerra a los amantes
ni paz con esta guerra recompenso.

¡Dichoso si con ella divertido
apago incendios y a Beatriz olvido!
   Pero la reina es ésta. ¿Pues señora
qué suspensión y soledad es ésa?

Isabel

Suspensa, sí; no sola, que el que adora
con sus deseos amistad profesa.
En vuestra alteza el alma hablaba agora.

Rey

   Fineza, al fin, de amante portuguesa.
¿Y de qué se trataba? ¿Amor o celos?

Isabel

¿Celos de vos? No lo querrán los cielos.
   A vuestra alteza, gran señor, pedía
consejo para cierto casamiento,
que, por tocarme en sangre gustaría
que saliese acertado y a contento.
Doña Beatriz de Silva, deuda mía,
cuya hermosura, edad y entendimiento
en el primer lugar puede ponerse,
la corte trae a riesgo de perderse.
   Pídenla cuatro grandes, y deseo
dársela al uno de ellos por esposa.

Rey (Aparte.)

   (No quiera Amor que se haga tal empleo,
la reina debe estar de mí celosa.)
Las muchas prendas de esa dama creo;
sé que es noble, discreta, rica, hermosa,
y dama vuestra, en fin, porque la fama
pueda envidiar tal reina de tal dama.
   Mas ¿quiénes piden ese casamiento?

Isabel

A don Pedro Pereira, que es su primo
en primer lugar pongo, con intento

de que la alcance.

Rey (Aparte.)   (Amor, ¿cómo os reprimo?)
Buena elección, discreto pensamiento,
que es ilustre don Pedro y yo le estimo;
mas parientes casados por amores
malógranse, y no dejan sucesores.

Isabel   Está bien dicho y yo lo había notado.
Sea don Pedro Girón el venturoso.

Rey   Tengo a don Pedro en Aragón casado;
y aunque lo ignora, es ya lance forzoso.

Isabel   Si es forzoso, a casarse irá forzado.
Don Luis de Velasco es generoso
en estado y en sangre.

Rey   Darle trato
de San Juan, en Castilla, el gran priorato.

Isabel   No se podrá casar de esa manera.
¿En don Diego Sarmiento halláis excusa?

Rey   Es muy mozo don Diego.

Isabel   Peor fuera
la vejez para el tálamo confusa.
Amor las bodas ama en primavera;
poco las goza el que en vejez las usa.
Doña Beatriz...

Rey   No me canséis, señora,
que no gusto se case por agora.

71

(Vase.)

Isabel   Quien en clausuras de cristal pretende
cubrir la luz que en las tinieblas lleva;
el fuego entre la pólvora que enciende;
el gozo quien recibe alegre nueva,
ése encubrirá el amor a quien ofende
y el ejemplo del rey sirva de prueba
a los celos que ya vengar presumo,
pues si es llama el Amor, ellos son humo.
   Los imposibles que hoy el rey ha hallado
al desposorio de ésta mi enemiga,
sabrá vencer mi velador cuidado,
por más que ciego en su pasión prosiga.
Los celos mi paciencia han apurado;
solicita el poder, la injuria instiga
a la venganza que el rigor profesa;
que soy mujer celosa y portuguesa.

(Llora. Sale doña Inés.)

Inés   Gran señora ¿Vuestra alteza
llorando?

Isabel   Sí, doña Inés;
de mi amor, como fuego es
sube el humo a la cabeza.
   Celos, en casos de amar,
son humo que causa enojos,
y con el humo a los ojos
claro está que he de llorar.

Inés   Siendo de quien yo imagino,

72

a no preciarme de fiel,
causa fuera este papel
de hacer algún desatino.

(Dásele.)   Nombróme el rey su estafeta,
por callar otro apellido,
que de esta suerte ha querido
graduarme de discreta;
    mas, como no lo sé ser
quiero, en fe de mi lealtad,
darle a vuestra majestad
novedades que leer
    con finezas, si bien dichas,
no a lo menos bien empleadas.

Isabel   Voluntades mal casadas
cobran su dote en desdichas.
    A doña Beatriz irá
que es la inquietud de esta corte.

Inés   Cobre tu venganza el porte,
pues tanta ocasión te da;
    que, a quitársele ella al rey,
yo sé que no se atreviera
ni ese papel la escribiera.

Isabel   El Amor no guarda ley.

(Lee.)   «A un retrato vuestro había yo,
doña Beatriz, ofrecido mi corona,
si no deshiciera la fortuna lo que
con tanta razón dispuso un engaño.
Reina os quisiera de Castilla; pero
pues no puede ser, sedlo de mi
voluntad, o quejaréme del pintor

que os retrató hermosa y no
homicida.»

(Sale doña Beatriz.)

Isabel   No leo más; llamadme, Inés
esta mujer.

Inés   Ella propia,
por dar a tus celos copia,
viene a que el papel la des.

Isabel   Doña Beatriz.

Beatriz   Gran señora.

Isabel   Por tu honor mirar pretendo
y el mío. En anocheciendo,
luego, al instante, a la hora
de la corte has de salir
y volverte a Portugal.

Beatriz   ¿Qué causa?...

Isabel   Temo un gran mal
si aquí te dejo asistir.
Liberalísima eres
no sabes lo que es negar;
si aprendieran de ti a dar,
Beatriz, las demás mujeres
nadie de ellas se quejara.
No es bien que conmigo estés;
que temo que tanto des
que a mí me salga a la cara.

Que el pródigo que sin freno
imprudente y necio gasta,
cuando su caudal no basta,
hurta, tal vez, el ajeno;
   y tengo una prenda yo,
que aunque velo por guardarla,
andas muy cerca de hurtarla.

Beatriz   No entiendo ese enigma.

Isabel   ¿No?
              Pues yo sí, que basta.

Beatriz   ¿A quien
              pródiga he dado favor
              que ponga a riesgo mi honor?

Isabel   ¿A quién, preguntas? ¡Qué bien!
                 ¡Éste guante es tuyo?

Beatriz   Sí;
              favorecer es decente
              a un caballero pariente
              a quien anoche le di.

Isabel   ¿A un caballero? Bien dices;
              pero, ¿a dos? Seso es ligero.
              ¿Éste no es el compañero?
              ¡Constantes sois las Beatrices!

Beatriz   Juegos que son cortesanos
              poco ofenden.

Isabel   Bien alegas,

pues dando dos guantes juegas
airosamente a dos manos.
　　Y, como pica y provoca
Amor, tahur, aunque ciego,
por si la boca hace juego
dio este palillo tu boca.

(Va enseñándola los favores.)

　　　　　　　.................. [-or]
Al cuarto ha visto jugar,
y porque pueda ganar
le has dado a entender la flor.
　　Cuatro los premiados son,
y pues haces cuatro damas
serás, pues Silva te llamas:
«Silva de varia lección.»

Beatriz　　　　　　　Mire vuestra alteza...

Isabel　　　　　　　　　　Asombro
haces de que a cuatro diga,
que tu liviandad obliga.
Pero, si al quinto te nombro,
　　¿qué harás?

Beatriz　　　　　　　　　Mientras no me dejes
disculpar...

Isabel　　　　　　　Este papel
el rey te escribe, y en él
dice finezas herejes
　　　y a quien mi enojo ocasiona
(Rasga el papel.)　como el papel, rasgaré

76

el alma, y le comeré
el corazón. La corona
   que yo poseo, quería
ponerte el rey, y no osara
decirlo, como no hallara
lugar en tu fantasía.
   Villana, ¿tú con el Rey?
¡Vive el cielo!

Beatriz   El rey bien puede
amarme, sin que yo quede
por alguna causa o ley
   culpada, mientras no doy
color a ese disparate.
Vuestra majestad me trate
bien, pues que su prima soy;
   y advierta que aunque respeto
al rey don Juan, mi señor,
y al reverencial amor
que debo, el alma sujeto
   de mi sangre generosa,
tal altivez heredé
y presunción, que no sé
si estimara ser su esposa.

Isabel   ¿Descomedida, así habláis
del rey, delante de mí?
Ese loco frenesí,
ya yo sé que le fundáis
   en las alas que él os da,
y los necios cortesanos
a quien, con favores vanos,
hechizáis. No quiero ya
   que os partáis a Portugal;

aquí sabrán mis enojos
esconderos de los ojos
del rey, que un agravio real
    puede remediarse así.
Ábreme ese armario, Inés.

(Abre un armario donde quepa doña Beatriz.)

Beatriz   ¿Qué es lo que intentas?

Isabel   Que estés
encerrada y presa así.
  donde sin respiración
ni sustento, muerta quedes;
que de otra suerte no puedes
satisfacer mi pasión.

Inés   ¡Gran señora!

Isabel   Déjame
esconderla de esta suerte
del rey; que sola su muerte
sosiego es bien que me dé.

Inés   Rogara, Beatriz, por vos
si supiérades cumplir
palabras.

Beatriz   Si he de morir
aquí, no sepa —mi Dios—
  ninguno, que esta crueldad
pudo en el pecho caber
de tan severa mujer,
que en esta conformidad

	yo prometo, aunque me muera,
	no dar voces.
Isabel	Cierra Inés;
	dame esas llaves.
Inés	Después
(Ciérrala.)	que aquesta tempestad fiera
	pase, abrirla mandarás;
	que es castigo riguroso.
Isabel	¡Por vida del rey mi esposo...!
Inés	No jures, señora, más.
Isabel	Que he de tenerla entre tanto
	que muerta la llegue a ver.
Inés	¿No ha de comer, ni beber?
Isabel	Coma angustias, beba llanto.

(Vanse las dos. Sale doña Leonor, emperatriz, y don Juan.)

Leonor	En Roma estamos, don Juan.
	Federico, mi señor,
	dignamente Emperador,
	es un Narciso alemán.
	Cifradas en él están
	las gracias que hay repartidas
	en gentilezas fingidas
	que ensalza la antigüedad;
	con una alma y voluntad
	quisiera darle mil vidas.

Hoy nos han de coronar,
en fe del amor que encierro,
con la diadema de hierro
que en Milán se suele dar;
quiere el papa dispensar,
porque mañana haga iguales
dos almas, que liberales
el yugo esperan cristiano
del tálamo soberano
y bendiciones nupciales.
   Desposarános mañana,
y esotro, con real decoro,
nos dará el círculo de oro
de la majestad romana.
Tan gozosa estoy y ufana,
y tan perdida de amor
por el César, mi señor,
que; a poderlo hacer, le hurtara
del Sol la hermosura rara
por parecerle mejor.
   Triste, don Juan, me escucháis,
¿pésaos del bien que declaro?

Juan   A mi suerte le comparo,
que al paso que vos contáis,
gran señora, lo que amáis
a quien no sé si os merece.
Se disminuye y decrece
una esperanza atrevida,
que, entre imposibles florida,
se ha muerto cuando amanece.
   Vine yo amando, señora
esta jornada a una dama
que cuanto más a otro ama,

más la sirvo y me enamora.
No sé si mi amor ignora,
mas sé que me mandó, en suma,
embarcar, porque presuma
cuán poco hay de mar a amar
y que es locura esperar
firmeza en reinos de espuma.

    Sobre ella mi atrevimiento
torres vanas levantó;
mas, ¿qué cuerdo edificó
sobre la espuma y el viento?
Llegué a Roma, vi el contento
que, como yo vuestra alteza,
da a otro dueño su belleza,
y en las congojas que paso,
la semejanza del caso
ocasiona mi tristeza.

Leonor   ¿Pues en qué causa, o razón,
fundáis que esa dama os quiera?

Juan   En la voluntad primera
que estriba en la inclinación;
en la comunicación
que en la niñez arraigada
crece, de amor fomentada
y en natural convertida,
suele andar lo que la vida
con el alma acompañada.

Leonor   La llaneza suele hacer
atrevido al menosprecio,
y más, don Juan, cuando el necio
la llega mal a entender.

¿Por fuerza tiene que ser
amor, toda voluntad?
Sed buen intérprete, andad;
que ingenios desvanecidos
cuando tuercen los sentidos
yerran con facilidad.

(Sale un Paje.)

Paje
    El emperador está,
con la romana nobleza
y esperando a vuestra alteza,

Leonor
Irse a coronar querrá.
Don Juan, la dama sé ya
que amáis, aunque no os declaro
quién es, poned más reparo
en vuestro perdido seso,
porque sí insistís con eso
podrá ser que os cueste caro.

(Vanse doña Leonor y el Paje.)

Juan
    Tarde el desengaño vino;
difícilmente se cura
si se arraiga la locura,
y amor todo es desatino.
¡Buen remate de camino
han hallado mis enojos!
Mas decid, vanos antojos,
aunque desdenes me afrenten,
en Leonor, ¿no se desmienten
las palabras y los ojos?
    ¿Con voluntad no me mira,

cuando me habla con rigor?
Luego, en los ojos Amor
llama a la lengua mentira.
Nunca me miró con ira,
aunque con ira me ha hablado;
por entendida se ha dado;
salir con el pleito intento,
que su mismo pensamiento
tiene de ser mi abogado.

    Hable una vez el amante,
que el Amor es buen testigo
de que se lleva consigo
quien la inquiete cada instante.
Yo proseguiré adelante,
con mi altivo pensamiento,
fabrique o no sobre el viento;
que en la importuna frecuencia,
no hay mujer con resistencia
ni amor sin atrevimiento.

(Sale Melgar.)

Melgar   Roma, o chata, hermosa sales;
mas débeste de afeitar,
porque no te vean andar
tan llena de cardenales.
¡Fiestas, al fin, imperiales!
¡Oh, señor! ¿Qué haces aquí?
Acompaña —¡pese a mí!—
la emperatriz por quien Roma
las varas de un palio toma
de brocado carmesí.

    Sal a los recibimientos,
verás a Nicolao quinto,

en medio de un laberinto
de tomates o pimientos,
pacíficos instrumentos;
Roma, vestida de fiesta,
y de doseles compuesta,
sus calles llenas de flores
y sus ventanas de amores;
mas la emperatriz es ésta.
    Aguárdala una hacanea,
en la blancura paloma,
que, al lado del César, Roma
hoy coronarlos desea.

Juan	¡Amor! ¿Qué importa que sea emperatriz, si sois dios?
Melgar	En un patio van los dos hasta San Juan de Letrán.
Juan	¿Qué temo? ¿No soy don Juan, Leonor mujer, deidad vos?

(Sale la Emperatriz doña Leonor con acompañamiento, música y la emperatriz que tropieza y al darla la mano don Juan, se la aprieta y quiere besársela, y ella le da un bofetón.)

Leonor	Federico, mi señor, ¿me espera?
Paje	Señora, sí.
Leonor	¡Válgame el cielo! ¡Caí!
Melgar	Tenla.

Juan	¡Ay divina Leonor,
	si en la cuenta de mi amor
	cayérades reducida
	qué venturosa caída!
	Levantárame yo ufano,
	si como yo os doy la mano
	me diérades vos la vida.
Leonor	¡Atrevido! De esta suerte
	vuestros desatinos pago;
	y agradeced que no os hago,
	como merecéis, dar muerte.
	Así, es razón que os despierte.
Uno	¿Qué es esto?
Leonor	Pudiera ser.
	Poco debéis de saber,
	pues viéndome tropezar,
	me pretendéis levantar
	para que vuelva a caer.

(Vanse doña Leonor y el acompañamiento.)

Melgar	Sin mentis, un bofetón,
	es como rayo sin trueno.
	Tu carrillo queda bueno
	para rueda de salmón.
	Quiere que en esta ocasión
	tu amor a Roma te iguales,
	que en prueba de esas señales
	fuera, porque te autorices,
	tu cara, a estar sin narices,

Roma con sus cardenales.

    Cinco en la cara te ha puesto;
si fue favor no me espanto,
mas favor que duele tanto
más es quinto que no sexto.
No se te caerá tan presto,
ni yo, a caerse, le alzara.
¡Oh mercader que sin vara
al tiempo que te despides,
tan ligeramente mides
a palmos toda una cara!

    ¡Líbreme el cielo de ti!
¿Qué suspensión te ha elevado?

Juan

    Levantando, he levantado
la memoria que perdí.
Mundo, si pagas así,
a dejarte me apercibo,
pues es bastante motivo
el ver, si a decirlo basto,
que tras veinte años de gasto
me asientas este recibo.

    A pagarme te dispones
con los salarios usados,
que ya se pagan criados
a coces y a bofetones.
¡Locas imaginaciones,
necio es el que no os repara!
No más vanidad avara;
quedáos torpes ejercicios,
que aun no paga el mundo en vicios
y da con ellos en cara.

    Pues ha salido a la mía
a tal tiempo la señal,

no es mi enfermedad mortal;
posible sanar sería;
no halló la filosofía
médico para este daño
que se iguale al desengaño.
Alto, pues, si en quien se cura,
mudar aires es cordura,
hoy mudo los de mi engaño.
    Adiós corte, en quien se ampara
el que es tratante de enredos,
que das el favor a dedos
y estos puntos en la cara.
La verdad divina y clara
me enseña que eres un mostro;
profanos gustos, ya os postro,
que si el mundo estriba en ellos,
por darme en rostro con ellos
vinieron a darme en rostro.

(Vase.)

Melgar   ¡Espera, aguarda! ¡Ah, señor!
Afrenta debe de ser
dejarse un hombre poner
salserillas de color.
Leonor, no sois vos Leonor,
sino octava maravilla.
Volverme quiero a Castilla.
Pretended, Leonor, de hoy más,
pues echáis así el compás,
ser maestra de capilla.

Fin de la segunda jornada

Jornada tercera

(Una Niña que ha de hacer a Nuestra Señora, dice desde arriba sin descubrir-se, y responde doña Beatriz encerrada en el armario.)

Niña   ¿Beatriz?

Beatriz   ¿Quién es? ¿Quién me llama?
                que con regalada voz
                mortales ansias olvido
                libertad es mi prisión.

Niña   Sígueme.

Beatriz   ¿Seguirte? ¿Cómo,
                si tres días ha que estoy
                oprimida en la clausura
                de esta oscuridad atroz?
                Aquí me maltratan celos
                de una reina, que al rigor
                de su enojo libra llantos,
                venganzas a su pasión.
                Muda muero, ofensas callo,
                en fe de que noble soy,
                porque ignore el rey crueldades
                que ha ocasionado su amor.

Niña   No temas; fía en mi amparo.
                Libre estás; al resplandor
                de los rayos que me visten
                te saca mi protección.

(Ábrense las puertas y sale doña Beatriz y sobre ellas en una nube se apare-
ce una Niña con los rayos, corona y hábito con que pintan a la imagen de la
Concepción.)

Beatriz
¡Gracias al cielo que os veo
claros orbes; pero a vos
es más justo que os las de,
Alba, Estrella, Luna, Sol!

Niña
¿Conócesme?

Beatriz
        Hermosa niña;
que de los ojos de Dios,
niña cara os considero,
no sé si durmiendo estoy;
pero, ¿qué conocimiento,
qué humana imaginación,
qué ave real no cegara
a tal luz, tanto candor?

Niña
¿No me conoces, en fin?

Beatriz
Regalada niña, no;
pero sí, para serviros
vuestra eterna esclava soy.

Niña
¿Conoces estas colores?

Beatriz
Conozco, niña, que son
lo azul celeste y lo blanco
las que mi gusto eligió,
en vanas ostentaciones
y que dieron ocasión
a no pocos disparates,

	mas ya son cuerdas por vos.
Niña	Sí, que son colores mías.
Beatriz	Mejoraron su valor; calificaron su estima; honrólas vuestra elección; ojo de Dios sois amores; pues, con el blanco color y lo azul, sois niña zarca que me roba el corazón. No hay en vos, mis ojos, nube; que por eso os cerca el Sol, siendo sus rayos pestañas de su esfera guarnición.
Niña	Ya, Beatriz, por conjeturas, me conoce tu atención. Ojo de Dios me llamaste; tu advertencia lo acertó; siéndolo, pues, de su cara, hay en el mundo opinión que sustenta su porfía, afirmando que cegó el primer instante este ojo del rostro de mi Criador, la nube que al primer padre la destemplanza causó siendo la gracia el colirio que de ella me preservó. Yo soy la privilegiada, cuya cándida creación hecha por Dios ab initio, para su madre eligió;

que habiéndose de vestir
la tela que amor tejió,
quiso preservar sin mancha
en mí, limpio este jirón,
al poner el pie en el mundo
donde el hombre tropezó.
Dios amante cortesano,
la mano de su favor
me dio, anteviendo el peligro
sin que de su maldición,
se atreviese a mi pureza
el lodo que Adán pisó.
Por eso el vestido escojo
con que he venido a verte hoy,
cándido, limpio, sin nota,
sin pelo de imperfección;
porque si la levadura
del pecado, corrompió
toda la masa de Adán
general su contagión,
la providencia del cielo,
antes del primer error,
lo acendrado de esta masa
sin levadura apartó.
También es lo azul mi adorno
porque si Pablo llamó
a mi hijo segundo Adán,
siendo el primero en rigor,
hombre de tierra terreno
y hombre juntamente y Dios,
celeste el Adán segundo,
yo por la misma razón,
si Eva fue mujer del suelo
la celeste mujer soy,

que estoy del cielo vestida
y en Patmos mi águila vio.
¿No confiesas tú todo esto?

Beatriz   Bien sabe la devoción,
vuestra alteza, niña pura,
que esa verdad me enseñó.
Con el alma la confieso;
téngola en el corazón,
y perderé en su defensa
mil vidas que humilde os doy.
Sois reina. ¿Qué razón hay,
y que se precie de razón
os dé nombre de pechera
si es vuestro hijo emperador?

Niña   Si soy reina como afirmas
¿ser mi dama no es mejor
que de la reina Isabel?

Beatriz   ¡Ojalá me admitáis vos!

Niña   Las damas de mi palacio,
Beatriz, siguen el olor
de mi pureza virgínea
y angélica incorrupción;
no, como tú, el tiempo pierden,
que tanto el cuerdo estimó
en galas y vanidades;
incendios del torpe amor.

Beatriz   Yo os prometo Aurora pura,
como me ensalce el blasón
de dama de vuestra casa

que es templo de Salomón.
Yo os hago solemne voto
de ser una, desde hoy,
de las que al Cordero siguen,
porque sus vírgenes son.

Niña   En la corte corres riesgo.

Beatriz   Huiré de la corte yo.

Niña   Así tu hermano lo hizo;
ya cortesano de Dios,
gentilhombre es de mi casa,
no de la augusta Leonor;
que le despertó del vicio
la afrenta de un bofetón.
Ya no se llama don Juan:
su nombre es fray Amador;
confirmóle el desengaño;
la vida y nombre mudó.

(Aparécese don Juan de ermitaño, dándole San Jerónimo la mano para que suba por unos riscos. Estén colgados de un árbol, espada, daga, sombrero con plumas; toquen música.)

Amador quiso llamarse,
porque en fe de que me amó,
de mi Concepción intacta
promete ser defensor.
Mírale haciendo trofeos
de las galas que ostentó
la soberbia cortesana,
la lisonja y la ambición.
Colgándolas, como adviertes,

las trata como al ladrón,
que hurtando la castidad
al vicio la puerta abrió.
A Jerónimo le ofrece
el pulso, porque es doctor
de la iglesia, y sana enfermos
su alada contemplación.
Los éxtasis de María,
Antonio, Pablo, Hilarión
le suspenden; pero Marta,
discípulo le eligió
que activo a la iglesia sirva,
siendo ilustre imitador
del alférez de mi hijo,
que sus llamas le imprimió,
¿Quieres tú seguir sus pasos?

(Encúbrase la apariencia.)

Beatriz   Quiero lo que queráis vos.

Niña   ¿Serás hija de Francisco?

Beatriz   Su esclava, mi niña, soy.

Niña   En Toledo has de fundarme
                 una nueva religión
                 que el nombre y hábito tenga
                 de mi Pura Concepción.

Beatriz   ¡Venturosa yo, mil veces!

Niña   Pues vuélvete a tu prisión,
                 que presto, Beatriz querida,

saldrá de Sodoma, Lot.
Toledo te está esperando,
que, si en su iglesia mayor,
bajé a vestir a Ildefonso,
de mi honra defensión,
en ella quiero que fundes
una orden de tal valor,
que mi Concepción defienda
e ilustre su devoción.

(Encúbrese.)

Beatriz
¡Mil veces alegre cárcel,
volvamos a ella, mi Dios;
pues os halla en los trabajos
quien en gustos os perdió!

(Éntrase y ciérranse las puertas. Salen la reina doña Isabel y don Álvaro de Luna.)

Álvaro
Vuestra alteza, señora, no se enoje,
porque, en lo que manda el rey, insista.

Isabel
A nadie para darme pena escoge
  sino a vos, que es la causa que resista
cualquiera de palacio el disgustarme,
sino sois vos que andáis siempre a su vista;
  vos consultando siempre en qué agraviarme.

Álvaro
Mándame el rey que sepa qué se ha hecho
doña Beatriz de Silva. El excusarme
  no ha sido, gran señora, de provecho.
Tres días ha que no se sabe de ella,
y el rey de vos no está muy satisfecho.

A vuestras damas pregunté por ella
y llorando responden que gustaran
saber, si muere o vive para vella;
 mil sospechas y dichos se excusaran
con decir donde está; que en vuestra ofensa
los grandes que la sirven se declaran;
 el rey, que la tenéis en prisión piensa;
y don Alonso Vélez, que es su hermano,
anda a esta causa con tristeza inmensa.
 No hay título, ni ilustre cortesano
que no trueque en pesar el alegría
que verla daba al suelo castellano.
 El portugués don Pedro desafía
a don Pedro Girón, y no hay sacarle
de que, favoreciendo su porfía,
 la escondéis de la corte por casarle
con ella. Entiende don Diego Sarmiento
que a don Luis de Velasco, por premiarle
 el rey con tan honroso casamiento,
se la promete, y esconderla manda,
favoreciendo vos el mismo intento.
 Ved, pues, señora, cuando la corte anda
de esta manera en bandos dividida,
si es justo vuestro enojo y mi demanda.

Isabel   Decid que esa mujer no está perdida,
(Aparte.) (pero sí el rey por ella) que es mi dama
       y mi parienta; que ninguno pida
        cuenta de cosas mías, y esa fama
       que han echado, no importa el vulgo diga,
       que no ofenden quimeras que él derrama.
        Cada cual su opinión defienda o siga,
       que yo no pienso responder más que esto.
       Idos con Dios, andad.

Álvaro
                                    El rey me obliga
                a que peque, señora, dé molesto.
                Yo tengo de mirar todo este cuarto,
                obedeciendo a lo que me han impuesto.

Isabel
                    Ya, condestable, os he sufrido harto;
                no me deis ocasión a que interprete
                que por ser su tercero, veis mi cuarto;
                    pues si sois causa vos de que se inquiete
                el rey, ya podrá ser que haya castigo
                contra quien gustos torpes le promete.

Álvaro
                ¿Qué dice vuestra alteza?

Isabel
                                    Aquesto digo.

Álvaro
                ¿Y yo soy digno de ese premio justo
                por lo que España puede ser testigo?
                    Caséla a vuestra alteza contra el gusto
                de estos reinos, y siendo solo infanta
                en el trono la puse casi augusto.
                    ¡Bien por estos servicios me adelanta!

Isabel
                Nunca a la obligación dejó memoria
                el deservicio que a su rey encanta.
                    Andad con Dios, y no seáis historia
                en Castilla, del mundo; que al fin rueda,
                y no estáis confirmado en esa gloria.
                    No provoquéis mi enojo, que aunque pueda
                la privanza encumbrar vuestra fortuna
                y en haceros favor el rey exceda,
                    soy vengativa yo, y si me importuna
                vuestro enfado, tal vez por no sufrillo

puesta al espejo, rompa yo su Luna.
　Guárdaos el rey, y no me maravillo
que no temáis; mas la ciudad más fuerte
se ha visto perder por un portillo.
　En un cadalso suele hacer la muerte
tragedias de los grandes de este mundo,
que el tiempo es dado, y múdase la suerte.
　Bien sé, pues esto os digo, en qué me fundo;
procurad conservaros en el puesto
donde os sustenta el rey don Juan segundo,
　que es hombre... Mas, él viene; andad.

Álvaro　　　　　　¿Qué es esto? ¿Qué Luna, qué portillo, qué cadalso,
nuevo temor a mi privanza ha puesto?
¡Ay arrimos del mundo sobre falso!
¡Quiera Dios que la reina, que así paga,
por haberla hecho yo, no me deshaga!

(Salen el Rey, don Pedro Girón, don Pedro Pereira, don Diego y don Luis.)

Rey　　　　　　　　Caballeros, la prudencia
de la Reina, que ha sabido
vuestro intento, habrá querido
quitaros, de la presencia
　con doña Beatriz, disgustos
y ocasiones de encontraros.
Yo no puedo concertaros
ni acudir a tantos gustos.
　Beneméritos sois todos
de su adorada belleza;
edad, estados, nobleza,
os igualan por mil modos.
　Sepamos a dónde está,
y podráse dar un corte

con que sosiegue la corte,
que la reina lo dirá.
  Pero, pues está presente,
vuestras dudas satisfaga.

Isabel

Basta, que no hay quien deshaga,
aunque la causa está ausente,
  este laberinto extraño,
tenido por maravilla
en Portugal y Castilla,
que de ello puede un engaño.

Rey

  Quitad ya la confusión
de nuestra corte, señora.

Isabel

  Si es doña Beatriz la autora
y tantos de su afición
  pretendientes, nadie pida
donde está, que es cosa cuerda
que para que no se pierda
esté esa mujer perdida.

(Al Rey.)

  Negárosla solicito
aunque alguno la hallará,
que por saber donde está
la dé reinos por escrito.
  Si de lesa majestad
es crimen digno de muerte,
dar al enemigo el fuerte
contra su fidelidad;
  y es el alcaide traidor,
¿qué castigo da la ley
a quien a su mismo rey
entrega un liviano amor?
  Yo he heredado el ser cruel

de mi nación, por exceso;
de este crinen son proceso
letras de cierto papel.
   Como reina he sentenciado
a perdimiento de vida
a esa mujer atrevida
que al rey, mi señor, ha dado
   hechizos con su hermosura.
Celos son mal tan cruel
que mata en ese cancel,
vengándome su clausura.
   Ha tres días que encerrada,
sin darle alivio al sustento,
falta de vital aliento
y viva en él sepultada;
   porque este incendio se apague
que tanta gente ha perdido,
darla la muerte he querido.
¡Quien tal hace que tal pague!

Rey   ¡Oh, bárbara! ¡Vive el cielo!
si es muerta, que tu castigo,
siendo esta corte testigo,
tiene de asombrar al suelo.

Álvaro   ¿Hay hazaña más impía?

Pedro   Mudo me tiene el dolor.

(Abre y sale doña Beatriz.)

Beatriz   ¿Qué es esto, rey y señor?
¿Qué es esto, señora mía?

Isabel	Beatriz ¿estás viva?
Beatriz	Estoy de mi inocencia amparada; del cielo patrocinada; a cuya alba gracias doy, que, contra reales enojos, tan seguro amparo envía
Rey	Apenas el alegría permite el uso a mis ojos para novedad tan rara.
Pereira	No sale el alba tan bella, cuando enamorado de ella, el Sol la afeita la cara, como de la prisión sale el prodigio de mi amor.
Luis	Es ángel, dióla favor el cielo de quien se vale.
Rey	Yo, Beatriz, tendré más cuenta desde este punto de vos, que quien, sin temor de Dios, os confiesa por parienta y os hace obras de enemiga.
Beatriz	A la reina, mi señora, soy de la vida deudora, y cuanto valgo; castiga justamente y es razón escarmentar y temer, y en el dechado aprender

de su heroica discreción.

Rey
    Caballeros, la hermosura
premio del valor se llama;
quien a doña Beatriz ama,
y ser su esposo procura,
    a la tala de Granada
mañana me he de partir;
méritos puede pedir
a su ventura y espada.
    Que el que con fuerzas bizarras
la vega mora corriere
y más cabezas trujere,
a doña Beatriz en arras,
    en el tálamo de amor,
ése será el preferido;
porque siempre el premio ha sido
de Marte, el honesto amor.

Luis
    Yo acepto esa noble empresa.

Diego
Ya sabe cortar mi espada
los granos de esa Granada.

Pereira
La experiencia portuguesa,
    que en África se ejercita,
triunfará de esa nación.

Pedro
    Soy amante y soy Girón,
amor y sangre me incita.

Rey (Aparte.)
    (¡Ay, doña Beatriz hermosa,
Sol eres, Ícaro soy!)

Isabel (Aparte.)   (¡Amor, socorro, que voy
                      más corrida y más celosa!)

(Vanse y al entrar doña Beatriz, sale por otra puerta Melgar, y llámale.)

Melgar   ¿A mí sa doña Beatriz?
                      Suplico a visiñoría.

Beatriz   ¡Melgar!

Melgar   Señoraza mía,
                      pon la pata, la raíz
                          de ese árbol, que a amor provoca
                      y le ofrece frutos ricos,
                      encima este par de hocicos,
                      pasearáste por mi boca.

Beatriz   Pues, Melgar ¿a dónde queda
                      vuestro señor y mi hermano?

Melgar   Asentáronle la mano,
                      y aunque en lo blando era seda,
                          hasta el mandamiento quinto
                      le imprimieron en dos credos,
                      letras de un lustro de dedos
                      dejándole blanco y tinto,
                          sin ser vino, en un carrillo.
                      Diósele doña Leonor,
                      en réditos de su amor,
                      que no pudiera sufrillo,
                          a ser otro, la ceñida.
                      Viendo, pues, su mal despacho
                      don Juan, ha dado en capacho
                      y muda de traje y vida.

                        De San Jerónimo es
                        ermitaño, por lo menos.

Beatriz   Intentos, Melgar, tan buenos
                        dignos son de portugueses.

Melgar   Como sin dueño he quedado,
                        y la ermitaña aspereza
                        no la abraza mi flaqueza,
                        porque estoy desvencijado,
                            y si no me desayuno,
                        en amaneciendo Dios,
                        con media azumbre o con dos
                        y un zoquete cuando ayuno,
                            luego me da la jaqueca,
                        háse venido a amparar
                        de visiñiría, Melgar,
                        ya que don Juan vida trueca.

Beatriz   No está para gente honrada
                        el mundo. Melgar amigo,
                        paga mal.

Melgar   También lo digo.

Beatriz   Ya yo estoy escarmentada,
                            como mi hermano.

Melgar   Alto, pues,
                        no hay sino ser ermitaña.
                        Vámonos a una montaña;
                        que como tú en eso des,
                            yo seré en Sierra Morena
                        ventero, que cuenta pida

para enmienda de mi vida,
que allí hay culpas y no hay pena.

Beatriz   Melgar, yo os he menester.
La lealtad que habéis tenido
a mi hermano, he conocido
y no la queráis perder
   conmigo. Doña Leonor pagó,
cual veis, a don Juan.
Los señores nunca dan
premio a servicios mejor.
   La reina doña Isabel,
que hasta en eso la ha imitado,
muy mal también me ha pagado.
Está celosa y es cruel.
   La vida me va en salir
de la corte, que en Toledo
y en un monasterio puedo
medrar mejor con servir
   a quien paga de otra suerte.
Yendo en vuestra compañía
y en otro traje, podría
escaparme de la muerte,
   con que la reina amenaza
mi inocencia, sin razón.
La noche nos da ocasión
como vos sepáis dar traza,
   para buscarme un vestido
de labradora, que aquí
no hay pocas.

Melgar   Harélo así;
y de puro agradecido,
   pues hace de mi confianza,

visiñiría, no quiero
con hablar ser lisonjero;
agrádame la mudanza.
  Yo también, de labrador,
acompañando os iré;
que aunque guardaros sabré,
bodegas fuera mejor.

Beatriz   Vamos, pues; daréos dineros
                         para comprar los vestidos.
(Aparte.)   (¡Deseos desvanecidos!
                         a servir quiero poneros
                           con quien dé buen galardón
                         que aquí no os saben premiar.
                         Vamos, que hemos de fundar
                         Orden a la Concepción,
                           donde segura sirvamos
                         a la que preservó Dios.)

Melgar   Andarlo; de dos en dos
                         se me convierten los amos.

(Vanse. Salen doña Isabel y doña Inés.)

Isabel   Doña Inés, no sé que diga.
                         Mis celos averiguados
                         hacen mayor mi fatiga,
                         y el tenerlos no vengados
                         a nuevo pesar me obliga.
                           Por otra parte, a clemencia
                         me mueve, al ver que los cielos
                         manifiestan su inocencia.

Inés   Son, gran señora, los celos

contagiosa pestilencia.
    Desterrará quien la pega
y guardar ciudad o villa
es medio que la sosiega.
Echa a Beatriz de Castilla,
pues a darte celos llega.
    Envíala a Portugal
que así viviréis segura.

Isabel   Querer bien, se llama mal,
con que una loca hermosura
ha hechizado un pecho real.
    Seguir tu consejo quiero;
saldrá esta noche de aquí
esta arpía por quien muero.

(Salen el Rey y don Álvaro de Luna.)

Rey   En la Reina descubrí
entrañas de duro acero.
    Porque no la precipite
segunda vez su pasión,
es bien que se deposite
doña Beatriz.

Álvaro   La razón
lo aconseja y lo permite.

Rey   En un monasterio esté,
hasta que tornando estado,
paz a nuestra corte dé.
(Aparte.)   (Amor, por razón de estado,
desde agora os dejaré.)

Isabel	Rey y señor.
Rey	No creyera que tan cruel en extremo. señora, el cielo os hiciera. Amábaos antes, ya os temo. Cuanto hermosa sois severa.
Isabel	Quiéroos mucho, estoy celosa.
Rey	Por quitaros la ocasión, que ya en vos es sospechosa, en un convento es razón que esté vuestra prima hermosa. Váyanla luego a llamar.
Inés	Yo, gran señor, voy por ella.

(Vase doña Inés.)

Isabel	Si la corte ha de inquietar ¿no será mejor tenella donde se pueda excusar lo que temo? Yo quería a Portugal enviarla.
Rey	Agravio nuevo sería, por hermosa desterrarla, y con ella el alegría de mi corte. Brevemente, dándola esposo feliz, cesará ese inconveniente.
Inés	No se halla doña Beatriz.

Rey   ¿Cómo es eso?

Inés   Diligente
he preguntado por ella;
todo el cuarto he registrado
de las damas, y no hay vella.

Isabel   Mi recelo confirmado
me avisa quien sabe de ella.

Rey   Si del pasado suceso
es justo conjeturar,
vos, señora, la habéis preso.
¡Que aun no advertís el pesar
que recibo!

Isabel   ¡Bueno es eso!

Rey   Ya es bien que vuestra crueldad,
Isabel, modere enojos.
No hay que hablar, esto es verdad.
Por quitársela a mis ojos
la quitáis la libertad.
Si sois cuerda no incitéis
mi enojo otra vez, señora.

(Vuelve a entrarse doña Inés.)

Isabel   Disimulad; bien hacéis;
si bien mi pesar no ignora
que escondida la tenéis.
Déme nombre de cruel
vuestra alteza, pues le cobra

de esposa leal y fiel,
y ponga luego por obra
las promesas del papel.
    Déla su mano y su silla,
que en mí se logra tan mal;
finezas haga en servilla
que, yéndome a Portugal,
podrá reinar en Castilla.

Rey
    Quejas tan sin ocasión,
desmientan vuestros desvelos;
y aunque diga la opinión
que no hay discreción con celos,
pues os sobra discreción,
    usad de ella, con la estima
que mi persona merece;
y si la pena os lastima
de los celos que os ofrece
doña Beatriz, vuestra prima,
    hacedla traer aquí,
ponedla luego en estado,
iráse al suyo, y así,
seguro vuestro cuidado,
no se agraviará de mí.

Isabel
    Vuestra alteza no me dé
ocasión de que le pierda
el respeto. Yo no sé
de esa mujer, ni fui cuerda
cuando viva la dejé.
    Don Álvaro la tendrá,
por vuestra orden, escondida,
y por ella intentará
encumbrar más la subida

de la privanza en que está.
Pero a lunas semejantes
suele tal vez la ambición
precipitar las menguantes.

Álvaro

Basta, que estas quejas son,
señor, de participantes.
   No sé yo en qué haya ofendido
a la reina, mi señora,
si ya el haberla servido
con el reino, que la adora,
en mí delito haya sido.

Rey

   Mal sabéis aprovecharos,
Isabel, de mi paciencia.

Isabel

A desengaños tan claros...

Rey

   Basta; sirva la prudencia,
señora, de sosegaros;
   que cuando las ocasiones
del reino, que Dios me dio,
para el gusto hallen razones,
soy don Juan segundo yo
y sé refrenar pasiones.
   Por la vuestra y por mi vida
que doña Beatriz, no está
por mi mandado escondida.
Cese vuestro enojo ya;
y a la verdad reducida,
   sin ser cruel portuguesa,
pues sois reina castellana,
templad rigores, pues cesa
la ocasión, y, más humana,

libremos a Beatriz presa;
  que, yo os juro desde aquí
porque fenezcan enojos,
que viendo su copia os di,
de no ocasionar mis ojos.
¿Estáis satisfecha así?

Isabel Estadlo vos, gran señor,
de que de Beatriz no sé;
que en fe de mi firme amor
a esos reales pies pondré
todo mi enojo y rigor.

(Sale doña Inés.)

Inés Sobre un bufete dejó
doña Beatriz, gran señora,
este papel que escribió
para vuestra alteza.

Isabel Agora
mi sospecha sosegó.

Rey Y agora si estoy culpado
o no sabréis.

Isabel Yo he tenido
causa de haber maliciado,
pesar de que os he ofendido
y premio de que os he amado.

(Lee la reina doña Isabel este papel.)

«Sospechas de vuestra alteza, y

desengaños míos, en tres días
que estuve sepultada, me enseñaron los
peligros de palacio, pues al cabo de
ellos, podré afirmar que resucité al
tercero día. Ya, pues, que lo estoy
determino huir segundos riesgos en
la quietud de un monasterio; para mi
propósito ninguno mejor que el de
Santo Domingo el Real de Toledo,
donde tengo parientas y noticia de
la santidad con que se vive. Retírome
a él sin licencia de vuestra alteza,
por dificultad de alcanzarla; pero
con la obligación perpetua de pedir
al cielo toda mi vida prospere la de
vuestra alteza y la del rey, mi señor,
en cuya compañía goce años felices
esta corona y después eterna, etc.
doña Beatriz, de Silva»

Álvaro	¡Devota resolución!
Isabel	¡Religioso atrevimiento!
Rey	¡Tuvo bastante ocasión!
	Vayan en su seguimiento
	que, aunque alabo su intención,
	cuando a ejecutarla intente,
	es bien que llegue a Toledo
	como a su estado es decente.
Isabel	Perderéis celos el miedo,
	pues está la causa ausente.

Rey	Hoy me había de partir
	a la tala de Granada;
	y pues no hay qué prevenir
	y el rodeo es poco, o nada,
	por Toledo habemos de ir,
	que quiero ser su padrino.

Isabel	Favor del rey tan cristiano;
	mas queréis ser, imagino,
	si aquí galán a lo humano,
	devoto allá a lo divino.

Rey   No hay estar libre de vos.

Isabel	Mi nación es muy celosa;
	y hay que temer de los dos.

Rey	Beatriz, mujer tan hermosa
	solo la merece Dios.

(Vanse. De dentro san Antonio de Padua, dice lo que se sigue, y siguiendo su voz salen doña Beatriz y Melgar de pastores.)

Antonio	No huyas, Beatriz, espera;
	que, aunque disfrazada finjas
	lo que no eres, ya estás
	por nosotros conocida.

Beatriz	¡Ay, Melgar, perdidos somos!
	La reina, severa, envía
	ministros que me den muerte.

Melgar   Pues a mí, ¿daránme guindas?

Beatriz	¿Quién serán los que nos llaman?
	¿Quién dio a la reina noticia
	de nuestro disfraz grosero
	y mal concertada huída?
Melgar	¿Quién puede ser sino el diablo,
	que anda conmigo estos días
	de mala, porque no juego,
	ni quiero decir mentiras?
Beatriz	Dos frailes de San Francisco
	parecen.
Melgar	En las capillas
	y cordones, los conozco;
	hace el diablo tropelías,
	suele vestirse de fraile,
	representarse a la vista,
	como a Cristo, de ermitaño,
	cuando a piedras le convida.
	Atisbémosle las patas;
	que a mí me dijo mi tía,
	algo bruja, que el demonio
	por más formas que ejercita,
	no puede mudar los bajos,
	porque quiere su desdicha
	con pies de gallo calzarle
	infernales zapatillas.
Antonio (Dentro.)	Beatriz, aquieta tu suerte,
	no temas, nuestra venida
	más es para consolarte
	que para que te persigan.

Melgar	En la venta se colaron.
Beatriz	Melgar, pues con tanta prisa me están llamando, la reina darme muerte solicita; a confesarme vendrán para que esté prevenida a la muerte, cuando lleguen los ministros de sus iras.
Melgar	¿Y quién duda que también el compañero me diga, por ser yo tu motilón, motilonas teologías? Andábame yo en Italia, de hostería en hostería, embutiendo macarrones, retocando fantecillas, y trújome a ser, el diablo, guardadamas de Castilla, para que me bamboleen de un almendro, junto a Olías.
Beatriz	Melgar, si Dios gusta de esto, su voluntad es la mía; la vida le doy gozosa como con ella se sirva.
Melgar	¡Por Dios! ¡Yo contento, no! ¿De qué sirve hablar mentiras? Yo muero de mala gana, porque soy una gallina. Si es que Dios quiere llevarte y alegre no le replicas,

yo solo juré de hacerte
a Toledo compañía;
pero al otro mundo no,
que para él no se camina,
como en España, a caballo,
ni allá hay lacayos que sirvan;
fuera de que yo no anduve
esas partes en mi vida,
y si hemos de andar a pata
tengo una tacha maldita;
porque, si de legua a legua
no hay lugar, venta, o ermita
donde la palabra moje,
me seco como una espiga.
Pues decir, hay taberneros
por esas esferas limpias,
no que allá van puras almas
y ellos aguando bautizan,
y como son agua todos
apenas suben arriba
cuando las nubes los llueven
y a cántaros se deslizan.
A vista estás de Toledo,
esta venta se apellida
de las Pavas; voy a echar
de comer a mi borrica,
y a acogerme antes que vengan
sayones de Tordesillas,
que por la reina cohechados
la nuez moscada me aflijan.
Si preguntare por mí
esa frailada bendita,
para que me confiese
disponen que me aperciba,

118

di que voy por una bula
a Toledo, o a las Indias,
porque por ella me absuelvan;
y, adiós, que estoy muy de prisa.

(Vase.)

Beatriz   Si se ha llegado la hora,
Virgen, protectora mía,
de mi muerte, y las sospechas
celosas la reina indignan,
disponedlo vos de modo,
Sol del cielo, luz del día,
que, quedando en pie mi fama,
goce yo vuestras delicias.

(Música, y en lo alto en medio del tablado san Antonio de Padua.)

Antonio   Beatriz, no temas, sosiega;
Francisco de Asís, que imita
a Dios en vida y en armas,
pues se honra con sus insignias,
y yo que soy de Lisboa
hijo y Padre, cuya estima
dándome Padua su nombre,
a honrar entrambas me obliga,
somos los que te llamamos
no a que la muerte te aflija
sino a alentar los intentos
con que al cielo te dedicas.
Está tan lejos la reina
de ser, Beatriz, tu homicida
que, viviendo largos tiempos,
has de tener muchas hijas.

Beatriz	Soberano portugués,
	¿hijas? ¿Cómo? ¿Si, aunque indigna,
	la pureza he profesado;
	que el virgen, Dios tanto estima?
	En fe de esto he de encerrarme,
	con sus esposas divinas,
	en Santo Domingo el Real,
	si puedo, este mismo día.
Antonio	Virgen has de ser, y madre
	que así, de algún modo, imitas
	a quien siendo madre y virgen
	a Dios que se humane obliga.
	Y, porque el cómo no ignores,
	escucha, Beatriz querida,
	la propagación dichosa
	que a la iglesia ha de hacer mía.
	La aurora madre del Sol,
	la nave que de las Indias
	trujo al mundo el pan celeste
	por el mar de amar María;
	en fe de que en el instante
	feliz, que fue concebida
	sin mácula de pecado,
	por la prevención divina,
	al eterno preservada
	más que las estrellas limpias,
	fundadora quiere hacerte
	de una religión, que vista
	lo blanco de su pureza,
	lo azul del cielo a que aspiras.
	Hay en el mundo y habrá
	quien de su majestad diga

que probó el mortal veneno
que causó su golosina.
No quiere Dios hasta agora
que este misterio defina
su iglesia, que el cuándo
sabe reservado a su noticia.
Pero, como es hijo suyo
y parece cosa indigna
nacer de madre villana,
rey, a quien las jerarquías
sirven de escabel y trono,
volviendo por su honra misma,
por la de su madre vuelve
y su devoción te fía.
De Santo Domingo el Real
saldrás a empresa tan digna
de la honra de su madre,
que, no en vano determina
que en Santo Domingo empiece
religión que Dios fabrica
a la pura Concepción,
porque la honre su familia.
Tendrás mil contradicciones;
pero siendo defendida
por Fernando e Isabel
luz de Aragón y Castilla.

(Música, y en una silla carmesí, sentado a una parte, Sixto IV, papa.)

Sixto, cuarto de nuestro orden,
éste que ves en la silla
de la popa de la iglesia,
cuya nave sacra rija,
con apostólico celo,

orden te dará en que vivas,
y en el oficio y octava
de su inmaculado día.
Escribirá de su mano
las lecciones y homilías,
concediendo a sus devotos
indulgencias infinitas.
Volverán las opiniones,
contrarias a tu porfía,
desde aquí a doscientos años,
y la competencia antigua.
Mas, crecerá de manera
la devoción, ahora niña,
en nuestra dichosa España
de la Concepción Virgínea
que en Castilla y en Toledo,
Valencia, el Andalucía
y, en fin, en los pueblos todos
de estas bélicas provincias.
Los doctos, los ignorantes,
la vejez y la puericia,
con palabras y con obras,
con fiestas, con alegrías;
en cátedras, en sermones,
en prosas y en poesías
confesará toda España
que fue el alba concebida
sin pecado original,
para que en bronces se imprima.
Será patrón de esta causa,
por lo que medre en seguirla,
en fe de su mucho celo,
un Felipe; que la silla
gozará de los dos orbes

rigiendo en paz y en justicia,
un siglo por él dorado,
dos Españas y dos Indias.
Éste trayendo en su pecho,
con toda tu real familia
la Concepción en medallas
de diamantes guarnecidas,
del sucesor de San Pedro,
Paulo quinto, esencia quinta
en santidad y prudencia,
piedad y sabiduría,
alcanzará un proprio motu
que las disputas impida.

(Al otro lado frontero de Sixto, se descubrirá a Paulo V, del mismo modo;
Música.)

Plumas, pláticas, sermones
de los que a la virgen quitan
la gracia al primero instante,
su apacible rostro mira,
su devoción engrandece,
que éste erigirá capilla
augusta, para su encierro
que en prueba de su porfía,
de la Concepción se nombre,
siendo octava maravilla.
Rejuvenecerá España,
y en sus ciudades y villas
harán asombrosas fiestas.
Pero Toledo y Sevilla
se han de aventajar a todas;
aquélla por tener dicha
de ser casa de solar

de esta religión benigna,
y estotra por el Colón
que su Iglesia patrocina,
del Monte Santo en Granada
que en vez de oro, da reliquias.

(Más abajo a los dos lados, Toledo y Sevilla con sus armas. Música.)

Toledo y Sevilla son
las dos que la fama pinta,
para que encumbres su nombre
y su bendición bendigas.

(Al lado derecho, más abajo, el rey don Jaime armado con capa de la Merced
y una tarjeta de sus armas.)

Aragón, también devota,
con dos reyes autoriza
la verdad de este misterio,
en servicio de María.
Don Jaime el primero es éste
que a su Concepción dedica
la orden de la Merced,
porque cautivos redima,
en fe de que su patrona
jamás estuvo cautiva,
en la original prisión
que a cuantos nacen obliga;
por razón de la pureza,
de su célebre milicia
se viste el manto que ves
del candor que al alba envidia.

(Al lado Izquierdo el rey don Juan, armado con otra tarjeta de las mismas armas.)

> El otro rey es don Juan
> el primero, la caricia
> de sus vasallos, que esperan
> dichosa paz con su vista.
> Éste en públicos edictos
> a los rebeldes castiga
> con destierros y rigores,
> que esta devoción no sigan.

(En lo alto de todo, entre unas penas, estará don Juan de Meneses de fraile Francisco, con una pluma en la mano, contemplando arriba en una imagen de la Concepción y un libro abierto y blanco en la otra, en que parece que escribe, y una águila que con el pico le tiene el tintero.)

> Tu hermano fray Amadeo
> de la Religión francisca,
> cuyo hábito le consagra,
> Sol que la gracia ilumina,
> en San Pedro de Montorio
> penitente se retira,
> donde, como a Juan en Patmos,
> el cielo le comunica
> visiones, de asombro llenas,
> porque por ellas escriba
> la limpieza de la aurora
> que vio el tierno evangelista,
> y un segundo Apocalipsis,
> cuyas sacras profecías
> siendo freno a pecadores,
> den a España maravillas.
> No ha de haber orden sagrada

sino una, en cuantas militan
en el gremio de la Iglesia,
que esta devoción no admita.
¡Ea, fundadora noble!
A Toledo el paso guía,
para que esta orden comience
por doña Beatriz de Silva.

(Música y desaparece todo.)

Beatriz   Milagroso lusitano,
                 ¿por qué con tu ausencia eclipsas
                 luces que mi fe alentaron?
                 Oye, Antonio, espera, mira.
                 ¿Es esto verdad o sueño?
                 ¡Pero no, virgen benigna!
                 ¡Viva vuestra Concepción
                 y quien la defienda, viva!

(Sale Melgar.)

Melgar   Albricias pido, eche mano,
                 señora doña Beatriza,
                 el rey y la reina vienen
                 tras nosotros, deme albricias.
                 Íbame yo en mi jumenta;
                 encontrélos que venían
                 a Toledo; conocióme
                 en la tal fisonomía
                 don Pedro Pereira, y luego,
                 prendiéndome la justicia
                 me preguntaron a dónde
                 por mi causa te retiras.
                 Negábalo, desmintióme

hasta la jumenta misma,
porque rebuznó al instante.
Yo, hincado el par de rodillas,
con más miedo que vergüenza,
desbuché cuanto sabía,
porque secretos guardados
dicen que dan mal de tripas.
Apeáronse en la venta,
y la reina, no con ira,
sino toda gozo, a verte
manda que todos me sigan.
Pero hételos unos y otros,
rey y reina.

(Llegan el Rey y la reina doña Isabel y todos los caballeros en traje de camino.)

Rey   ¡Beatriz!

Isabel   ¡Prima!
                        ¿Así olvidáis nuestra corte?

Beatriz   Temí el veros ofendida.
                        Dadme esos augustos pies.

Rey   Alabanzas os doy dignas
                        de vuestra elección heroica.

Isabel   Yo gusto que se prosiga.

Rey   Vamos, Beatriz, a Toledo,
                        que no hay quien no tenga envidia
                        al estado que escogéis.

Pedro (Aparte.)   (Ya mis celos se mitigan.)

Pereira	Nadie a Beatriz me quitara sin quitarle yo la vida. Mas con Dios no hay competencias; solo es Beatriz de Dios digna.
Rey	A Santo Domingo el Real avisen nuestra venida.
Isabel	Hermosa rústica hacéis.
Beatriz	En mí lucen groserías.
Isabel	Volved, prima, a vuestro traje, y en mi coche y compañía; venid, seremos las dos, desde agora, muy amigas.
Beatriz	Esclava de vuestra alteza tengo yo por mayor dicha.
Melgar	Avecíndome en Toledo; que hay en él bellas vecinas. Tejer terciopelos sé, en el arrabal alquilan telares, tornos y casas; trabajar es cosa rica. Será Melgar tejedor, irá y vendrá cada día al Real Monasterio a ver la nuestra doña novicia; serviréla de andadero y pasaráse la vida, tejiendo en telares sedas,

y en el convento mentiras.

Pedro   Para la segunda parte,
senado ilustre, os convida
el autor con lo que falta
de esta historia peregrina.
La fundación, los milagros,
regocijos, alegrías
de la Concepción, y muerte
de doña Beatriz de Silva.

Fin de la comedia

Libros a la carta

A la carta es un servicio especializado para
empresas,
librerías,
bibliotecas,
editoriales
y centros de enseñanza;
y permite confeccionar libros que, por su formato y concepción, sirven a los propósitos más específicos de estas instituciones.

Las empresas nos encargan ediciones personalizadas para marketing editorial o para regalos institucionales. Y los interesados solicitan, a título personal, ediciones antiguas, o no disponibles en el mercado; y las acompañan con notas y comentarios críticos.

Las ediciones tienen como apoyo un libro de estilo con todo tipo de referencias sobre los criterios de tratamiento tipográfico aplicados a nuestros libros que puede ser consultado en Linkgua-ediciones.com.

Linkgua edita por encargo diferentes versiones de una misma obra con distintos tratamientos ortotipográficos (actualizaciones de carácter divulgativo de un clásico, o versiones estrictamente fieles a la edición original de referencia).

Este servicio de ediciones a la carta le permitirá, si usted se dedica a la enseñanza, tener una forma de hacer pública su interpretación de un texto y, sobre una versión digitalizada «base», usted podrá introducir interpretaciones del texto fuente. Es un tópico que los profesores denuncien en clase los desmanes de una edición, o vayan comentando errores de interpretación de un texto y esta es una solución útil a esa necesidad del mundo académico.

Asimismo publicamos de manera sistemática, en un mismo catálogo, tesis doctorales y actas de congresos académicos, que son distribuidas a través de nuestra Web.

El servicio de «libros a la carta» funciona de dos formas.

1. Tenemos un fondo de libros digitalizados que usted puede personalizar en tiradas de al menos cinco ejemplares. Estas personalizaciones pueden ser de todo tipo: añadir notas de clase para uso de un grupo de estudiantes, introducir logos corporativos para uso con fines de marketing empresarial, etc. etc.

2. Buscamos libros descatalogados de otras editoriales y los reeditamos en tiradas cortas a petición de un cliente.

www.ingramcontent.com/pod-product-compliance
Lightning Source LLC
La Vergne TN
LVHW041157080426
835511LV00006B/641